功能性健身动作指导丛书

药○球

训练全书

▶ 精编视频学习版

朱昌宇_编著

人民邮电出版社

北京

图书在版编目（C I P）数据

药球训练全书：精编视频学习版 / 朱昌宇编著. --
北京：人民邮电出版社，2023.5
（功能性健身动作指导丛书）
ISBN 978-7-115-61426-1

Ⅰ. ①药… Ⅱ. ①朱… Ⅲ. ①球类运动 Ⅳ.
①G849.9

中国国家版本馆CIP数据核字(2023)第062299号

免 责 声 明

内 容 提 要

本书针对药球这一健身常用的小器械，进行了基础知识和训练动作的讲解，并提供了针对不同动作模式、身体部位等的训练方案。在训练动作讲解部分，本书精选了 70 余种针对力量、爆发力等身体素质提升的动作，对动作练哪里进行了介绍，对动作如何做进行了分步骤图文讲解，还提供了部分动作的专业演示视频，能帮助读者更好地理解每个动作的功效，掌握每个动作的全程和细节，从而挑选与自身需求相匹配的动作。

相信通过阅读本书，有健身需求的普通人将能够系统掌握药球训练的方法，健身教练、体能教练等专业人士将能够更好地提供锻炼指导服务。

◆ 编　著　朱昌宇

责任编辑　刘　蕊

责任印制　彭志环

◆ 人民邮电出版社出版发行　　北京市丰台区成寿寺路 11 号
邮编　100164　电子邮件　315@ptpress.com.cn
网址　https://www.ptpress.com.cn
北京市艺辉印刷有限公司印刷

◆ 开本：700×1000　1/16
印张：7　　　　　　　　　　2023 年 5 月第 1 版
字数：141 千字　　　　　　2023 年 5 月北京第 1 次印刷

定价：39.80 元

读者服务热线：(010) 81055296　印装质量热线：(010) 81055316
反盗版热线：(010) 81055315
广告经营许可证：京东市监广登字 20170147 号

目录
CONTENTS

第**1**章

关于药球

■ 药球简介　　　　■ 药球的选择　　　　■ FITT 原则

1.1 药球简介

药球，通常也被称为重力球、健身球、强力球或旋风球，其直径一般为 35 厘米左右。药球的表面一般由皮革制成，也有使用乙烯材料、尼龙材料或橡胶材料的。药球内有填充物，其重量决定了药球的规格，从 1 千克到 10 千克不等。通常，男用药球为 3 ~ 4 千克，女用药球为 2 千克。药球的外形也多种多样，有单耳药球、双耳药球、带绳索的药球等。药球可以用作医疗辅助用具，帮助病人进行康复训练，还可以用在健身领域，提高肌肉力量。如今在全世界范围内，药球运动越来越受欢迎。

药球的诞生和发展

药球是历史最为悠久的力量训练工具之一。关于它的起源，一种说法是，在古希腊时期战士训练时，会把石头或金属制作成球状，并在球面涂抹类似于兴奋剂的药末，这样的球体被投掷时会散发味道，使战士保持兴奋状态；还有一种说法是，药球是古希腊名医希波克拉底制造出来的，他将动物皮毛缝制成球形，用沙粒填充内部，让病人来回投掷这些球，这种温和的运动方式让病人在不受到伤害的情况下，进行康复训练。

药球的英文名称为 "Medicine Ball"。随着现代健身运动的兴起和发展，药球越来越受人们欢迎，和哑铃、瓶状棒、箭靶共同被誉为 "健身四骑士"。

药球的功能

药球的功能很多，在医学领域能帮助病人进行身体康复；而在健身领域，则经常被用在提高力量和爆发力的训练中。对于专业的运动员，药球可用于各种专项的特定训练。药球的主要功能如下。

1 增强上肢和胸部肌肉的力量和爆发力

练习者可以通过俯卧持球的方式进行上肢推的训练，强化上肢和胸部的力量；还可以通过上肢末端快速释放的方式进行上肢推的训练，提高上肢和胸部的爆发力。

2 增强腹部肌肉的力量

练习者可以通过不同体位持球进行腹部收缩的训练，提高腹部的力量；或者通过药球冲击腹部的训练，提高腹部的力量（例如，用腹部将投掷过来的药球反弹回去）。

3 强化核心力量和爆发力

做各种体位的药球训练动作都需要严格控制躯干。涉及核心控制的练习以及专门的核心区练习，可以提高核心力量和核心爆发力。

4 提高身体代谢能力

在各种推、抛、砸等药球训练动作中，练习者可以进行长时间中低强度的单一或组合动作的持续训练，以提高心肺耐力；还可以进行高强度的单一或组合动作的间歇训练，以提高无氧代谢能力。

5 减脂和塑形

循环性或长时间的药球训练可以燃烧身体多余的脂肪，降低体脂含量，同时还可以塑造肌肉形态。

6 损伤恢复

患者可以使用药球进行康复训练，恢复损伤部位的肌肉力量和功能。

关于药球

训练方案

训练动作

1.2 药球的选择

在训练中，药球可以被用来提升力量和爆发力。提升爆发力的关键在于发力的速度和姿势。如果药球过重，姿势很难控制，无法保证动作的流畅性，就谈不上速度，更遑论提升爆发力了。因此，在药球重量的选择上，并不是越重越好。前文已提到，男生通常用4千克的药球，女生通常用2千克的药球。初学者应尽量使用重量较轻一些的药球。

药球的种类

根据外形的不同，药球被分为不同的种类。

1 实心药球

实心药球没有把手，不利于单手操作。但实心药球弹性很好，在下砸时会有很好的回弹效果。因此，可用于一些下砸动作中。

2 单耳药球和双耳药球

这类药球有一个或两个手柄，练习者可以抓住手柄进行药球的回旋运动。手柄有在药球表面的，也有嵌在药球内部的。其中，手柄嵌入内部的药球，被抓握时更加牢固。

3 带有绳索的药球

药球内部或两端配有绳子，这样的药球被称为强力球或旋风球。使用者可抓住绳子做药球摇摆和旋转的动作。为了安全起见，绳子的长度要合适，至少可以缠绕在手上。绳子越长，训练时需要的力量越大。

药球训练的注意事项

如果有较多的推、抛、砸等动作，应在较大的活动空间，确保周围没有其他人的情况下使用药球，从而保证自己和他人的人身安全。

1.3 FITT 原则

"FITT"原则是训练所遵循的基本原则，由四个英文单词的首字母组成，这个原则是练习者制订训练计划的参考基础。

FITT 分别代表频率（Frequency）、强度（Intensity）、时间（Time）和类型（Type）。根据 FITT 原则来控制练习的变量，不断调整训练计划，既可以有效提高训练效果，也避免了一成不变的训练计划带来的枯燥感。

1 频率

"频率"是指练习者多长时间训练一次。训练次数是叠加的，例如，如果练习者每周训练 4 天，每天训练 1 次，那么该练习者的频率就是每周 4 次训练。如果练习者每周训练 3 天，每天训练 2 次，那么其频率就是每周 6 次训练。一般来说，每周至少需要训练 4 次。

2 强度

"强度"指的是练习者进行训练的剧烈程度。练习者可佩戴心率监测器，用心率来衡量强度，这是目前最为普遍的方法。训练的强度用实际心率与最大心率的百分比来表示，训练强度较高时练习者的心率较高；反之则较低。

最大心率（MHR）的计算方法如下：男性用 220 减去自己的年龄；女性用 226 减去自己的年龄。例如，一名 40 岁男性的最大心率为 180（220-40=180）次 / 分，而一名 40 岁女性的最大心率为 186（226-40=186）次 / 分。

练习强度不同，练习者的心率也不同。当练习者处于热身阶段时，实际心率可达到最大心率的 50% ~ 60%；燃脂期间实际心率可达到最大心率的 60% ~ 70%；进行耐

力训练或有氧训练时，实际心率可达到最大心率的 70% ~ 80%；进行最大力量训练时，实际心率可达到最大心率的 90% ~ 100%，练习者在这一阶段只能间歇性地进行训练。

强度越高，消耗的总热量越多，其中约 50% 来源于脂肪，50% 来源于碳水化合物，还有不到 1% 来源于蛋白质。

另外，强度也可以指训练时对身体施加压力的量。

频率和强度共同决定总的训练量。当训练是固定时，二者呈反比关系。训练频率高，强度应低；反之亦然。

3 时间或持续时间

"时间"或"持续时间"是指练习者的任意一次训练的时间长度。在这里，时间不单纯是指用分钟来表示的时间，它还包含完成动作的节奏、速度等因素，这些因素都会影响练习者的总运动量。在同样时间内，节奏快、速度快，则总运动量更大。

4 类型

"类型"是指训练种类，比如跑步、游泳、药球训练等，都属于不同的训练类型。每种类型训练都有不同的特点，能够达到不同的健身效果。练习者可根据这些特点来选择适合自己的运动类型。

第2章

训练方案

2.1 推的动作模式训练方案

训练目的：强化推的动作模式，提高动力链的传递效率；同时可以改善神经募集肌肉的能力和肌肉的适应性水平，进而提高上肢的力量和爆发力。

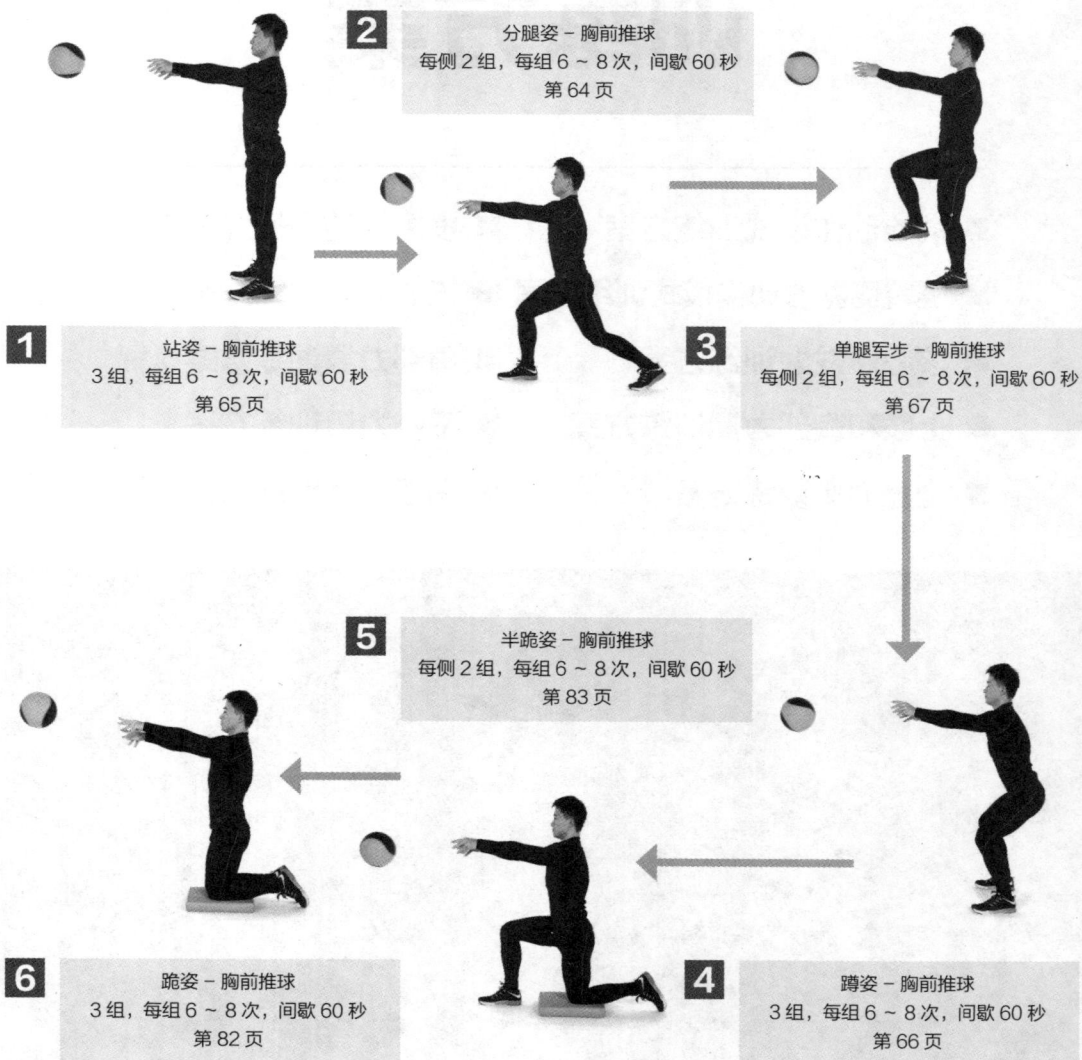

2 分腿姿 – 胸前推球
每侧2组，每组6～8次，间歇60秒
第64页

1 站姿 – 胸前推球
3组，每组6～8次，间歇60秒
第65页

3 单腿军步 – 胸前推球
每侧2组，每组6～8次，间歇60秒
第67页

5 半跪姿 – 胸前推球
每侧2组，每组6～8次，间歇60秒
第83页

6 跪姿 – 胸前推球
3组，每组6～8次，间歇60秒
第82页

4 蹲姿 – 胸前推球
3组，每组6～8次，间歇60秒
第66页

训练目的：强化投掷的动作模式，提高上肢力量发展的效率；同时，在稳定动作模式基础上，可以提高上肢的力量和爆发力，进而提升篮球头顶传球、足球线外发球、排球和羽毛球扣杀等动作的运动表现。

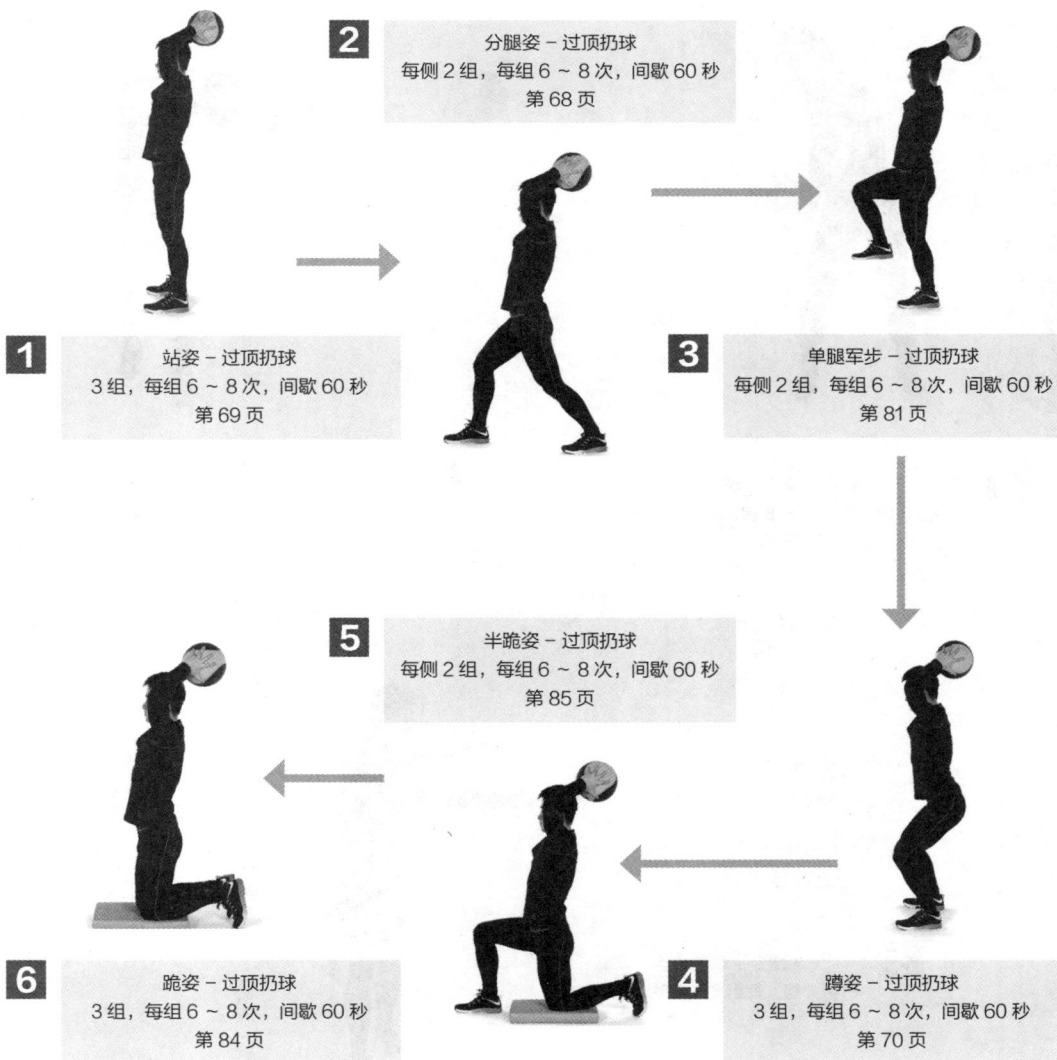

2 分腿姿 – 过顶扔球
每侧 2 组，每组 6 ~ 8 次，间歇 60 秒
第 68 页

1 站姿 – 过顶扔球
3 组，每组 6 ~ 8 次，间歇 60 秒
第 69 页

3 单腿军步 – 过顶扔球
每侧 2 组，每组 6 ~ 8 次，间歇 60 秒
第 81 页

5 半跪姿 – 过顶扔球
每侧 2 组，每组 6 ~ 8 次，间歇 60 秒
第 85 页

6 跪姿 – 过顶扔球
3 组，每组 6 ~ 8 次，间歇 60 秒
第 84 页

4 蹲姿 – 过顶扔球
3 组，每组 6 ~ 8 次，间歇 60 秒
第 70 页

关于药球

训练方案

训练动作

2.3 旋转侧抛的动作模式训练方案

训练目的：强化核心旋转的动作模式，提高躯干的稳定控制能力和动力链的传递效率；同时，在稳定动作模式基础上，可以提高核心的旋转力量和旋转爆发力，进而提升网球和棒球击球等动作的运动表现。

1 站姿 – 侧向扔球
每侧 3 组，每组 6 ~ 8 次，间歇 60 秒
第 78 页

2 分腿姿 – 侧向扔球 – 对侧
每侧 2 组，每组 6 ~ 8 次，间歇 60 秒
第 76 页

3 分腿姿 – 侧向扔球 – 同侧
每侧 2 组，每组 6 ~ 8 次，间歇 60 秒
第 77 页

4 单腿军步 – 侧向扔球 – 对侧
每侧 2 组，每组 6 ~ 8 次，间歇 60 秒
第 79 页

5 单腿军步 – 侧向扔球 – 同侧
每侧 2 组，每组 6 ~ 8 次，间歇 60 秒
第 80 页

6 半跪姿 – 侧向扔球 – 对侧
每侧 2 组，每组 6 ~ 8 次，间歇 60 秒
第 90 页

8 跪姿 – 侧向扔球
每侧 3 组，每组 6 ~ 8 次，间歇 60 秒
第 89 页

7 半跪姿 – 侧向扔球 – 同侧
每侧 2 组，每组 6 ~ 8 次，间歇 60 秒
第 91 页

关于药球

训练方案

训练动作

核心激活训练方案

训练目的：改善脊椎的灵活性和核心肌群的募集程度，进而提高核心的控制能力和动作的传递效率，为训练做好准备。

1 侧卧 – 直臂转髋
每侧 2 组，每组 6 次，间歇 10 秒
第 48 页

2 平板支撑
2 组，每组 20 秒，间歇 20 秒
第 44 页

3 平板支撑 – 髋内收肌挤压练习
2 组，每组 20 秒，间歇 20 秒
第 47 页

5 单手平板支撑
每侧 2 组，每组 10 秒，间歇 20 秒
第 46 页

4 单腿平板支撑
每侧 2 组，每组 10 秒，间歇 20 秒
第 45 页

2.5 核心爆发力训练方案

训练目的：通过不同体位和不同方位的药球核心训练，加强核心的爆发力和控制能力，提高神经肌肉系统的敏感性和协调能力。

2
药球 –V 字侧向抛接球
每侧 3 组，每组 8 次，间歇 120 秒
第 96 页

1
药球 –V 字胸前抛接球
3 组，每组 8 次，间歇 120 秒
第 98 页

3
仰卧起坐 – 过顶抛接球
3 组，每组 8 次，间歇 120 秒
第 102 页

5
跪姿 – 过顶扔球
3 组，每组 8 次，间歇 120 秒
第 84 页

6
跪姿 – 侧向扔球
每侧 3 组，每组 8 次，间歇 120 秒
第 89 页

4
俄罗斯旋转 – 侧向抛接球 – 双脚离地
每侧 3 组，每组 8 次，间歇 120 秒
第 94 页

关于药球

训练方案

训练动作

13

肩部力量训练方案

训练目的：强化肩关节周围肌肉群的力量，改善肩关节的活动度，预防肩关节损伤的发生，同时为上肢的力量训练提供稳定的支撑。

1 靠墙画圈
每侧 3 组，每组 10 次，间歇 30 秒
第 30 页

2 站姿 – 胸前画圈
每个方向 3 组，每组 10 次，间歇 30 秒
第 26 页

4 单腿站姿 – 胸前 8 字环绕
每侧 2 组，每组 10 次，间歇 30 秒
第 24 页

3 站姿 – 胸前 8 字环绕
每个方向 2 组，每组 10 次，间歇 30 秒
第 22 页

2.7 上肢和胸部力量训练方案

训练目的：通过俯卧上肢推的动作练习，募集更多的胸大肌、肱三头肌、三角肌前束和前锯肌的肌纤维参与运动，强化上肢和胸部的肌肉力量，塑造上肢和胸部的肌肉形态。

1　双球俯卧撑
3组，每组12次，间歇60秒
第42页

2　单球俯卧撑
3组，每组10次，间歇60秒
第39页

3　单球交替俯卧撑
2组，每组8次，间歇60秒
第41页

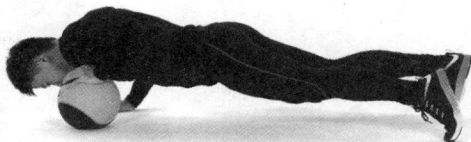

4　单球脚撑俯卧撑
3组，每组12次，间歇60秒
第43页

关于药球

训练方案

训练动作

2.8 下肢力量训练方案

训练目的：强化蹲的动作模式，提高下肢动作的控制和稳定能力，均衡下肢力量的发展，改善下肢力量水平，为跑得更快、跳得更高和站得更稳夯实基础。

1 前弓步走
2组，每组10次，间歇60秒
第31页

2 弓步－躯干旋转
每侧2组，每组10次，间歇60秒
第33页

4 深蹲
3组，每组12次，间歇60秒
第34页

5 相扑深蹲－过顶上举
3组，每组12次，间歇60秒
第29页

3 椅式深蹲
3组，每组12次，间歇60秒
第49页

训练目的：通过全身整合的力量练习，提高全身的力量水平，改善上下肢的力量传递效率和协调工作能力，进而提升整体的运动表现水平；同时，全身的参与可以大量消耗热量，达到减重减脂的效果。

2 过顶下砍
4 组，每组 10 次，间歇 120 秒
第 20 页

1 相扑深蹲 – 过顶上举
4 组，每组 10 次，间歇 120 秒
第 29 页

3 站姿 – 旋转推举 – 对角线
每侧 3 组，每组 10 次，间歇 120 秒
第 21 页

5 波比跳
4 组，每组 10 次，间歇 120 秒
第 37 页

4 站姿 – 旋转过顶砸球
每侧 3 组，每组 10 次，间歇 120 秒
第 58 页

关于药球

训练方案

训练动作

训练目的：通过高强度间歇练习，提高人体的无氧工作能力，改善高强度的运动表现能力；同时，消耗大量热量，达到减重减脂的效果。

2
深蹲跳
2 组，每组 10 次，间歇 10 秒
第 28 页

1
站姿 – 过顶砸球
2 组，每组 10 次，间歇 10 秒
第 62 页

3
相扑深蹲 – 过顶上举
2 组，每组 10 次，间歇 10 秒
第 29 页

5
站姿 – 旋转过顶砸球
每侧 2 组，每组 10 次，间歇 10 秒
第 58 页

6
波比跳
2 组，每组 10 次，间歇 10 秒
第 37 页

4
弓步交换跳
2 组，每组 10 次，间歇 10 秒
第 32 页

第 3 章

训练动作

■ 持球训练动作　　■ 砸球训练动作　　■ 抛球训练动作

持球训练动作

过顶下砍 __

动作步骤

01 直立，双脚分开，大于肩宽。双肘屈曲，手持药球于胸前。

02 手持药球向上举至头部上方，双肘微屈。

03 全程保持核心收紧，背部挺直。快速下蹲，同时手持药球向下砍。随后起身，回到起始姿势。重复规定的次数。

扫一扫，视频同步学

01

02

双臂向上举过头顶

03

向下砍

目标肌群 背阔肌、大圆肌、三角肌后束。

指导要点 核心收紧，保持躯干挺直。

站姿 – 旋转推举 – 对角线 ▬

动作步骤

01 直立，双脚分开，大于肩宽。双肘屈曲，手持药球于胸前。

02 屈髋屈膝，向左侧转体，重心移至左脚，同时将药球移至左侧。

03 全程保持核心收紧，背部挺直。伸髋伸膝，向右侧转体，重心移至右脚，同时伸展肘关节，将药球举至头顶的右上方。随后回到起始姿势。重复规定的次数，对侧亦然。

扫一扫，视频同步学

01

02

03

目标肌群 臀大肌、股四头肌、腘绳肌、三角肌、肱三头肌、腹内斜肌、腹外斜肌。

指导要点 核心收紧，保持身体平衡。

站姿 – 胸前 8 字环绕

扫一扫，视频同步学

动作步骤

01 直立，双脚分开，与肩同宽。双肘屈曲，手持药球于胸前。

02 全程保持核心收紧，背部挺直。将药球移至腰部左侧。

01

02

在胸前进行
8 字环绕

目标肌群 肱二头肌、肱三头肌、肩关节周围肌群和核心肌群。

指导要点 核心收紧，保持身体稳定。

03~06 再依次移动到腰部右侧、胸前、头部左侧和头部右侧。继续移动药球至胸前，完成8字形环绕（图中未展示）。重复规定的次数，反方向亦然。

03

04

06

05

单腿站姿 – 胸前 8 字环绕

扫一扫，视频同步学

动作步骤

01 直立，单脚撑地。双肘屈曲，手持药球于胸前。

02 全程保持核心收紧，背部挺直。将药球先移至腰部左侧。

01

02

在胸前进行
8 字环绕

目标肌群 肱二头肌、肱三头肌、肩关节周围肌群和核心肌群。

指导要点 核心收紧，保持身体稳定。

03 ~ 06 再依次移动到腰部右侧、胸前、头部左侧和头部右侧。继续移动药球至胸前，完成8字形环绕（图中未展示）。重复规定的次数，反方向亦然。然后换对侧腿支撑并重复上述动作。

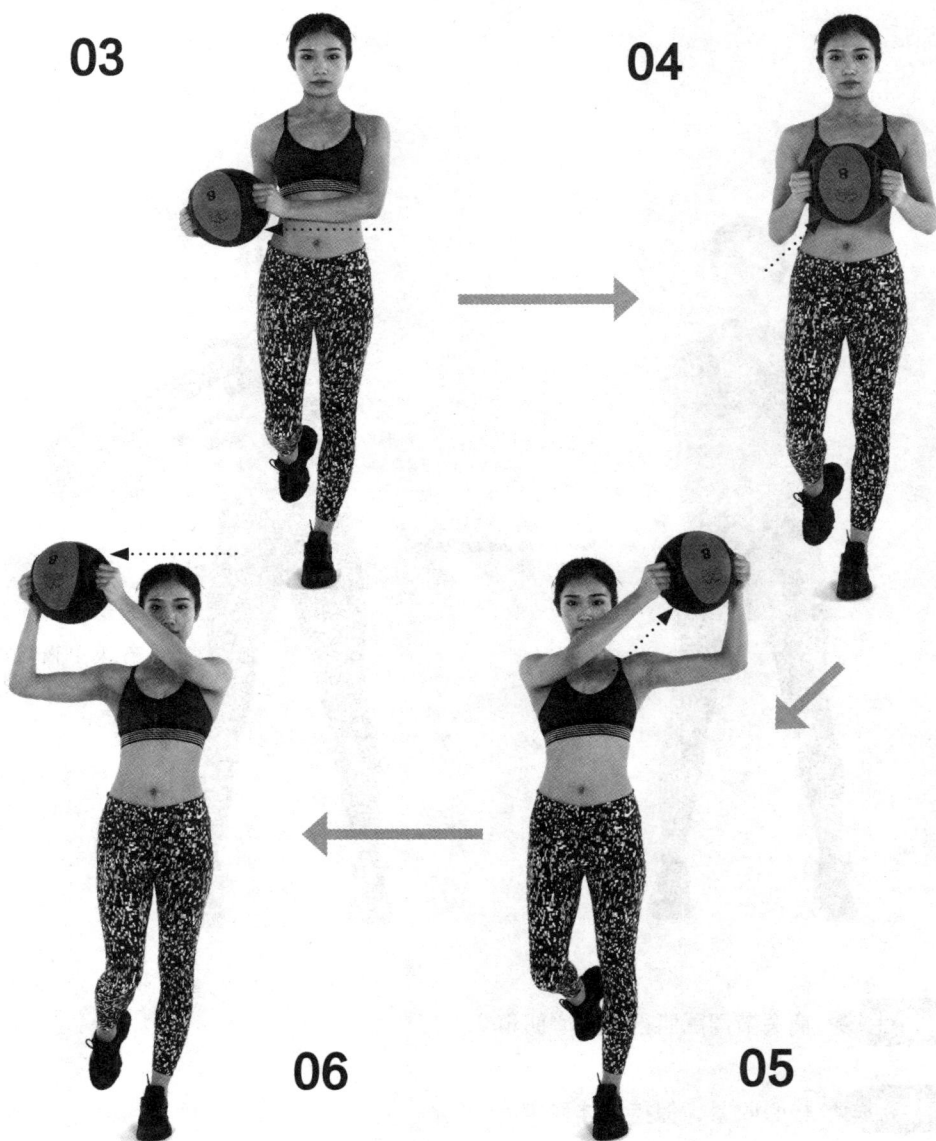

03

04

06

05

站姿 – 胸前画圈

扫一扫，视频同步学

动作步骤

01 直立，双脚分开，与肩同宽。双臂伸直，手持药球于髋部前方。

02 全程保持核心收紧，背部挺直。以画圆的方式将药球先移至腰部左侧。

01

02

药球在胸前按圆形轨迹进行环绕

目标肌群 肩关节周围肌群和核心肌群。

指导要点 核心收紧，保持身体稳定。

03 ~ 06 再依次移动到头部左侧、头部正上方、头部右侧和腰部右侧。继续移动药球至髋部前方，完成圆形环绕（图中未展示）。重复规定的次数，反方向亦然。

03

04

06

05

关于药球

训练方案

训练动作

深蹲跳 ___

动作步骤 ▶

01 直立，双脚分开，大于肩宽。双肘屈曲，手持药球于胸前。

02~03 屈髋屈膝，向下深蹲至大腿与地面接近平行。全程保持核心收紧，背部挺直。快速地伸髋伸膝，向上跳起。落地时屈髋屈膝（图中未展示）。随后回到起始姿势。重复规定的次数。

扫一扫，视频同步学

02

01

03

目标肌群 ▶ 臀大肌、股四头肌、腘绳肌、腓肠肌、比目鱼肌和核心肌群。

指导要点 ▶ 下蹲时重心后移，膝关节不超过脚尖；膝关节和脚尖方向保持一致。

相扑深蹲 – 过顶上举

01 直立，双脚分开，大于肩宽。双肘屈曲，手持药球于胸前。

02~03 屈髋屈膝，向下深蹲至大腿与地面接近平行。全程保持核心收紧，背部挺直。起身直立，同时手持药球向上举至头部上方，双臂伸直。随后回到起始姿势。重复规定的次数。

扫一扫，视频同步学

关于药球

训练方案

训练动作

01

02

向下深蹲

03

恢复站姿，双臂上举

目标肌群 肱三头肌、三角肌前束、臀大肌、腘绳肌、股四头肌、髋内收肌。

指导要点 下蹲时重心后移，膝关节不超过脚尖；膝关节和脚尖方向保持一致。

29

靠墙画圈 ___

01 面向墙壁，双膝跪于垫上，上半身与大腿垂直于地面。右手将药球按压于墙上与肩部同高的位置。

02 ～ 05 全程保持核心收紧，背部挺直。右手保持向墙壁方向用力，同时以圆形轨迹在墙面上移动药球。将药球移动一圈至起始姿势，完成1次练习。重复规定的次数，对侧亦然。

扫一扫，视频同步学

01

02

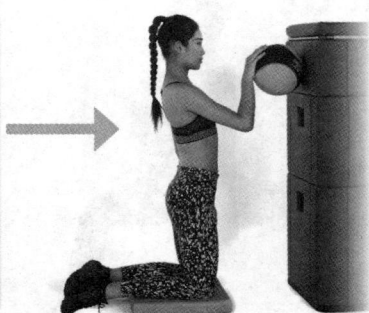

03

05

04

目标肌群 胸大肌、肱三头肌、前臂肌群和肩关节周围肌群。

指导要点 躯干直立，保持肩关节、髋关节和膝关节呈一条直线。

前弓步走 ▬

01 直立，双脚分开。双肘屈曲，手持药球于腹部前方。

02～03 全程保持核心收紧，背部挺直。左脚向前呈弓步姿势，双膝均屈曲约90度，同时手持药球移至髋部左侧。随后起身，右脚向前呈弓步姿势，双膝均屈曲约90度，同时手持药球移至髋部右侧。双脚交替向前，重复规定的次数。

扫一扫，视频同步学

关于药球

训练方案

训练动作

01

02

03

目标肌群 ▸ 臀大肌、腘绳肌、股四头肌、腓肠肌、比目鱼肌和核心肌群。

指导要点 ▸ 保持核心收紧，身体直立稳定；膝关节与脚尖方向一致朝前；避免前侧膝关节位置超过脚尖。

弓步交换跳 _

扫一扫，视频同步学

01 直立，双脚分开，与肩同宽。双肘屈曲，手持药球于腹部前方。

02 左脚向前呈弓步姿势，双膝均屈曲约90度，同时手持药球移至髋部左侧。

03~04 全程保持核心收紧，背部挺直。伸髋伸膝，向上跳跃，在空中交换双腿位置，同时手持药球移至腹部前方。落地，右脚在前呈弓步姿势，双膝均屈曲约90度，同时手持药球移至髋部右侧。重复规定的次数。

01

02

向前弓步

03

04

向上跳

目标肌群 臀大肌、腘绳肌、股四头肌、腓肠肌、比目鱼肌和核心肌群。

指导要点 保持核心收紧，身体直立稳定；膝关节与脚尖方向一致朝前；避免前侧膝关节位置超过脚尖。

弓步 – 躯干旋转

扫一扫，视频同步学

动作步骤

01 直立，双脚分开，小于肩宽。双肘屈曲，手持药球于胸前。

02 全程保持核心收紧，背部挺直。右脚向前呈弓步姿势，膝关节屈曲约90度，同时上半身向右侧旋转。随后回到起始姿势。重复规定的次数，对侧亦然。

01

02

向前弓步

关于药球

训练方案

训练动作

目标肌群 臀大肌、腘绳肌、股四头肌、腓肠肌、比目鱼肌和核心肌群。

指导要点 保持核心收紧，身体直立稳定；膝关节与脚尖方向一致朝前；避免前侧膝关节位置超过脚尖。

深蹲

01 直立，双脚分开，大于肩宽。双臂伸直，手持药球于胸前。

02 全程保持核心收紧，背部挺直。屈髋屈膝，向下深蹲至大腿与地面接近平行。回到起始姿势。重复规定的次数。

扫一扫，视频同步学

01

02

向下深蹲

目标肌群 ▶ 腘绳肌、股四头肌和臀大肌。

指导要点 ▶ 下蹲时重心后移，膝关节不超过脚尖；膝关节与脚尖方向一致朝前。

前弓步 – 胯下传球 ___

01 直立，双脚分开，小于肩宽。双肘屈曲，手持药球于胸前。

02 右脚在前呈弓步姿势，膝关节屈曲约90度，同时右手持药球，右臂自然垂于身体右侧。

扫一扫，视频同步学

关于药球

训练方案

训练动作

01

02

向前弓步

目标肌群 臀大肌、腘绳肌、股四头肌、腓肠肌、比目鱼肌和核心肌群。

指导要点 保持核心收紧，身体直立稳定；膝关节与脚尖方向一致朝前；避免前侧膝关节位置超过脚尖。

03～04 全程保持核心收紧，背部挺直。在胯下将药球由右手移至左手，随后左臂自然垂于身体左侧。

05 回到起始姿势。重复规定的次数，对侧亦然。

05

03

在胯下将药球移至左手

身体恢复直立

04

波比跳 __

动作步骤

01 双手撑于药球上，双脚撑于地面。双臂伸直，身体呈一条直线。

02 身体下降至胸部轻触药球。

扫一扫，视频同步学

关于药球

训练方案

训练动作

01

02

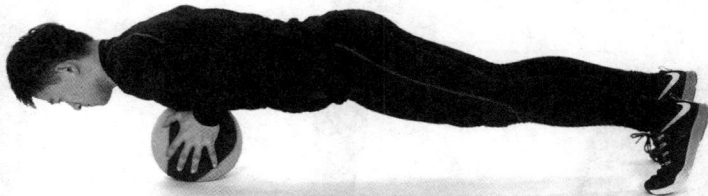

目标肌群 ▶ 全身肌群。

指导要点 ▶ 连贯且流畅地完成这一爆发力动作，保持身体稳定。

03 双臂伸直，同时屈髋屈膝，将双腿向前收。

04 伸髋伸膝，向上跳跃，同时手持药球向上举至头部上方，双臂伸直。

05 落地，双臂屈曲，将药球移至胸前。随后回到起始姿势。重复规定的次数。

03　**04**　**05**

起身

跳起

单球俯卧撑 __

01 双手撑于药球上，双脚撑于地面，双臂伸直，身体呈一条直线。

02 身体下降至胸部轻触药球。随后将身体向上推，回到起始姿势。重复规定的次数。

扫一扫，视频同步学

关于药球

训练方案

01

俯卧撑

02

训练动作

目标肌群 胸大肌、三角肌前束、肱三头肌和核心肌群。

指导要点 保持身体呈一条直线。

单球单臂俯卧撑

扫一扫，视频同步学

动作步骤

01 左手撑于药球上，右手和双脚撑于地面，右臂伸直，身体呈一条直线。

02 身体下降至左肘屈曲约90度。随后将身体向上推，回到起始姿势。重复规定的次数，对侧亦然。

01

俯卧撑

02

目标肌群 胸大肌、三角肌前束、肱三头肌和核心肌群。

指导要点 保持身体呈一条直线。

单球交替俯卧撑

扫一扫，视频同步学

动作步骤

01 右手撑于药球上，左手和双脚撑于地面，左臂伸直，身体呈一条直线。

02~04 身体下降至右肘屈曲约90度。将身体向上推至左臂伸直，并将药球移至左手下方，此时左手撑于药球上，右手撑于地面，右臂伸直。身体下降至左肘屈曲约90度。随后将身体向上推至右臂伸直，并将药球移至右手下方，回到起始姿势。重复规定的次数。

关于药球

训练方案

训练动作

01

俯卧撑

02

03

俯卧撑

04

目标肌群 胸大肌、三角肌前束、肱三头肌和核心肌群。

指导要点 保持身体呈一条直线。

双球俯卧撑

01 双手各撑于一个药球上，双脚撑于地面，双臂伸直，身体呈一条直线。

02 身体下降至双肘屈曲约90度。随后将身体向上推，回到起始姿势。重复规定的次数。

扫一扫，视频同步学

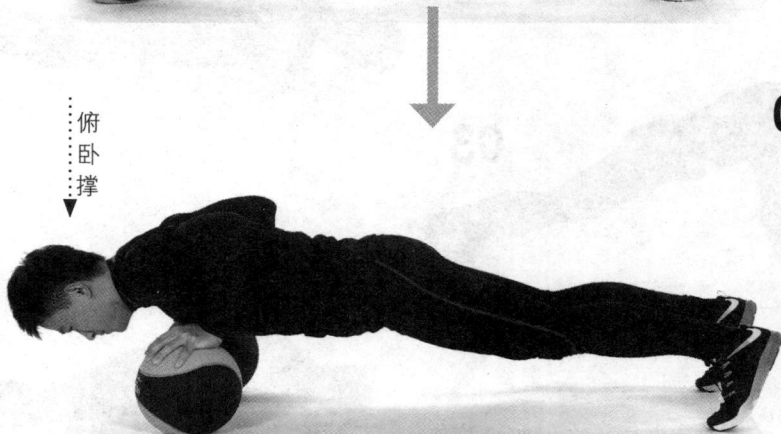

01

02

俯卧撑

目标肌群 胸大肌、三角肌前束、肱三头肌和核心肌群。

指导要点 保持身体呈一条直线。

单球脚撑俯卧撑 ▬

动作步骤 ▶

01 双手撑于地面，双脚撑于药球上。双臂伸直，身体呈一条直线。

02 身体下降至双肘屈曲约90度。随后将身体向上推，回到起始姿势。重复规定的次数。

扫一扫，视频同步学

01

02

俯
卧
撑

关于药球

训练方案

训练动作

目标肌群 ▶ 胸大肌、三角肌前束、肱三头肌和核心肌群。

指导要点 ▶ 保持身体呈一条直线。

平板支撑 ___

双手撑于药球上且位于肩部正下方，双脚撑于地面，双臂伸直，身体呈一条直线。核心收紧，保持规定的时间。

扫一扫，视频同步学

目标肌群 核心肌群。

指导要点 保持身体呈一条直线。

44

单腿平板支撑

扫一扫，视频同步学

动作步骤

双手撑于药球上且位于肩部正下方，左脚撑于地面，右脚稍稍抬离地面，双臂伸直，身体呈一条直线。核心收紧，保持规定的时间。对侧亦然。

关于药球

训练方案

训练动作

目标肌群 核心肌群。

指导要点 保持身体呈一条直线；控制身体稳定。

单手平板支撑 ▬

动作步骤 ▶

右手撑于药球上且位于肩部正下方，左手置于体侧，双脚撑于地面，右臂伸直，身体呈一条直线。核心收紧，保持规定的时间。对侧亦然。

扫一扫，视频同步学

目标肌群 ▶ 核心肌群。

指导要点 ▶ 保持身体稳定且呈一条直线。

平板支撑 - 髋内收肌挤压练习 ▃

动作步骤 ▶

双手和双脚撑于地面且位于肩部正下方，双臂伸直，
身体呈一条直线。核心收紧，将药球置于大腿之间，
向内用力挤压药球。保持规定的时间。

扫一扫，视频同步学

关 于 药 球

训 练 方 案

训 练 动 作

目标肌群 ▶ 核心肌群和髋内收肌。

指导要点 ▶ 保持身体呈一条直线。

侧卧－直臂转髋

扫一扫，视频同步学

01 侧卧于垫上，头部枕于向头顶方向伸直的左臂上，右手持药球上举至右臂与地面垂直。

02 保持手臂姿势不变，身体向地面旋转至双腿均接触地面。随后回到起始姿势。重复规定的次数，对侧亦然。

01

02

向地面旋转

目标肌群 肩关节周围肌群和下腰背肌群。

指导要点 保持核心收紧，持球侧手臂始终垂直于地面。

48

椅式深蹲

01 直立，双脚分开，与肩同宽。双肘屈曲，手持药球于胸部前方。

02~03 全程保持核心收紧，背部挺直。屈髋屈膝，向下深蹲至臀部接触椅子。起身，回到起始姿势。重复规定的次数。

扫一扫，视频同步学

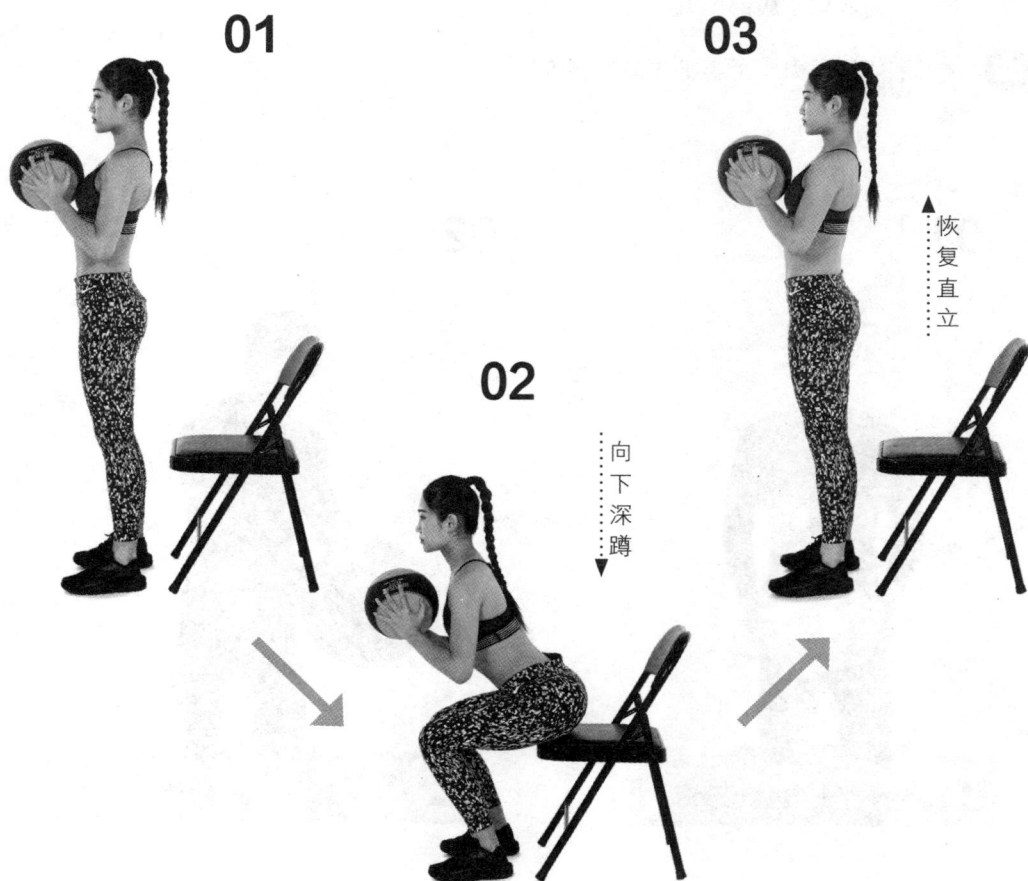

关于药球

训练方案

训练动作

01

02

03

恢复直立

向下深蹲

目标肌群 臀大肌、股四头肌和腘绳肌。

指导要点 保持核心收紧和身体稳定；膝关节与脚尖方向一致朝前。

跪姿 - 旋转过顶砸球

动作步骤

01 双膝跪于垫上，上半身和大腿垂直于地面。双肘屈曲，手持药球于腹部前方。

02 髋部和躯干发力，上半身先向右侧旋转。

扫一扫，视频同步学

01

02

目标肌群 背阔肌、腹直肌、腹内斜肌、腹外斜肌、腹横肌和肩关节周围肌群。

指导要点 保持核心收紧和身体稳定。

03~04 双手持球快速从髋部右侧向右上方移动，并向左环绕过头顶至左上方，同时躯干随之向左旋转。

05 利用腹部和上背部肌肉力量，双手尽可能快速地将药球砸向身体左侧的地面。随后回到起始姿势。重复规定的次数，对侧亦然。

03

04

05

快速下砸

关于药球

训练方案

训练动作

半跪姿 – 旋转过顶砸球

扫一扫，视频同步学

动作步骤

01 身体呈半跪姿，双膝屈曲90度，左脚踩于地面，右膝跪于垫上。躯干和右侧大腿垂直于地面。双肘屈曲，手持药球于腹部前方。

02 髋部和躯干发力，上半身先向右侧旋转。

01

02

目标肌群 背阔肌、腹直肌、腹内斜肌、腹外斜肌、腹横肌和肩关节周围肌群。

指导要点 保持核心收紧和身体稳定。

03 ~ 04 双手持球快速地从髋部右侧向右上方移动,并向左环绕过头顶至左上方,同时躯干随之向左旋转。

05 利用腹部和上背部肌肉力量,双手尽可能快速地将药球砸向身体左侧的地面。随后回到起始姿势。重复规定的次数,对侧亦然。

03

04

05

快速下砸

跪姿 - 过顶砸球

01 双膝跪于垫上，上半身和大腿垂直于地面。双肘屈曲，手持药球于腹部前方。

02～03 将药球经头顶移至头部后方。手臂、肩背部和腹部发力，带动上半身前倾，同时双手尽可能快速地将药球砸向身体前方的地面。随后回到起始姿势。重复规定的次数。

扫一扫，视频同步学

01

02

03

目标肌群 背阔肌、腹直肌、腹横肌和肩关节周围肌群。

指导要点 保持核心收紧和身体稳定。

站姿 - 单臂过顶砸球 ▃

扫一扫，视频同步学

动作步骤 ▶

01 直立，双脚分开，与肩同宽。双肘屈曲，手持药球于髋部前方。

02~03 右手将药球举至头顶的右上方，同时重心右移，左脚脚跟离地。手臂、肩背部和腹部发力，带动上半身前倾，脚跟向下踩，同时右手快速地向身体前方的地面下砸药球。随后回到起始姿势。重复规定的次数，对侧亦然。

关于药球

训练方案

训练动作

01　　　　　　**02**　　　　　　**03**

上举过头

向下砸

目标肌群 ▶ 背阔肌、腹直肌、腹横肌和肩关节周围肌群。

指导要点 ▶ 保持核心收紧和身体稳定。

分腿姿 – 旋转过顶砸球

动作步骤

01 直立，双脚分开，左脚在前，呈分腿姿。双肘屈曲，手持药球于腹部前方。

02 髋部和躯干发力，上半身先向右侧旋转。

扫一扫，视频同步学

01

02

目标肌群 背阔肌、腹直肌、腹内斜肌、腹外斜肌、腹横肌和肩关节周围肌群。

指导要点 保持核心收紧和身体稳定。

03 ~ 04 双手持球快速地从髋部右侧向右上方移动，并向左环绕过头顶左上方，同时躯干随之向左旋转。

05 利用腹部和上背部肌肉力量，双手尽可能快速地将药球砸向身体左侧的地面。随后回到起始姿势。重复规定的次数，对侧亦然。

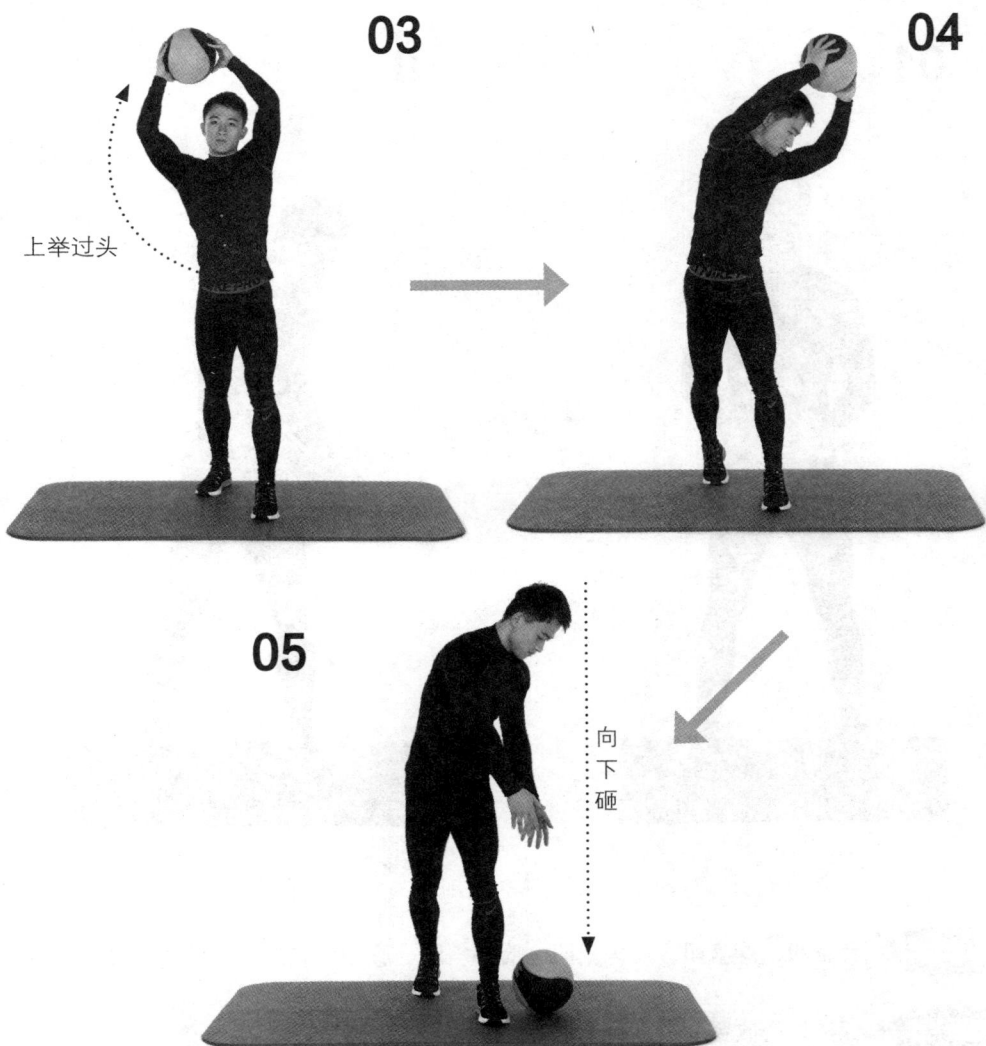

03

上举过头

04

05

向下砸

关于药球

训练方案

训练动作

站姿－旋转过顶砸球

动作步骤

01 直立，双脚分开，与肩同宽。双肘屈曲，手持药球于腹部前方。

02 髋部和躯干发力，上半身先向右侧旋转。

扫一扫，视频同步学

01

02

目标肌群 背阔肌、腹直肌、腹内斜肌、腹外斜肌、腹横肌和肩关节周围肌群。

指导要点 保持核心收紧和身体稳定。

03～04 双手持球快速地从髋部右侧向右上方移动，并向左环绕过头顶左上方，同时躯干随之向左旋转。

05 利用腹部和上背部肌肉力量，双手尽可能快速地将药球砸向身体左侧的地面。随后回到起始姿势。重复规定的次数，对侧亦然。

03

上举过头

04

05

向下砸

单腿站姿 – 旋转过顶砸球

扫一扫，视频同步学

动作步骤

01 直立，右腿撑地，左腿屈髋屈膝并抬至大腿与地面平行。双肘屈曲，手持药球于腹部前方。

02 髋部和躯干发力，上半身先向右侧旋转。

01

02

目标肌群 背阔肌、腹直肌、腹内斜肌、腹外斜肌、腹横肌和肩关节周围肌群。

指导要点 保持核心收紧和身体稳定。

03~04 双手持球快速地从髋部右侧向右上方移动,并向左环绕过头顶左上方,同时躯干随之向左旋转。

05 利用腹部和上背部肌肉力量,双手尽可能快速地将药球砸向身体左侧的地面。随后回到起始姿势。重复规定的次数,对侧亦然。

03

上举过头

04

05

向下砸

关于药球

训练方案

训练动作

站姿 - 过顶砸球

扫一扫，视频同步学

动作步骤

01 直立，双脚分开，与肩同宽。双肘屈曲，手持药球于髋部前方。

02~04 将药球经头顶移至头部后方。手臂、肩背部和腹部发力，带动上半身前倾，同时双手尽可能快速地将药球砸向身体前方的地面。随后回到起始姿势。重复规定的次数。

01

02

03

04

目标肌群 背阔肌、腹直肌、腹横肌和肩关节周围肌群。

指导要点 保持核心收紧和身体稳定。

站姿 - 侧向砸球

01 直立，双脚分开，大于肩宽。双肘屈曲，手持药球于腹部前方。

02~03 向左侧转体，重心移至左脚，同时将药球上举至头顶前方。随后向右侧转体，重心移至右脚，同时将药球快速地砸向身体右侧的地面。随后回到起始姿势。重复规定的次数，对侧亦然。

扫一扫，视频同步学

关于药球

训练方案

训练动作

01

02

向上举

03

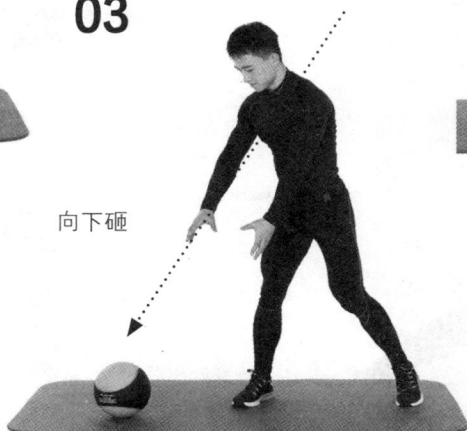

向下砸

目标肌群 背阔肌、腹直肌、腹横肌和肩关节周围肌群。

指导要点 保持核心收紧和身体稳定。

3.3 抛球训练动作

分腿姿 - 胸前推球

01 采用分腿站姿，右脚在前，躯干挺直。双肘屈曲，手持药球于胸部前方。

02 双手尽可能快速地将药球向前推出。随后回到起始姿势。重复规定的次数，对侧亦然。

扫一扫，视频同步学

01

02

推出药球

目标肌群 胸大肌、三角肌前束、肱三头肌和核心肌群。

指导要点 保持核心收紧和身体稳定。

站姿 - 胸前推球

01 直立，双脚分开，与肩同宽，身体挺直。双肘屈曲，手持药球于胸部前方。

02 双手尽可能快速地将药球向前推出。随后回到起始姿势。重复规定的次数。

扫一扫，视频同步学

关于药球

训练方案

训练动作

01

02

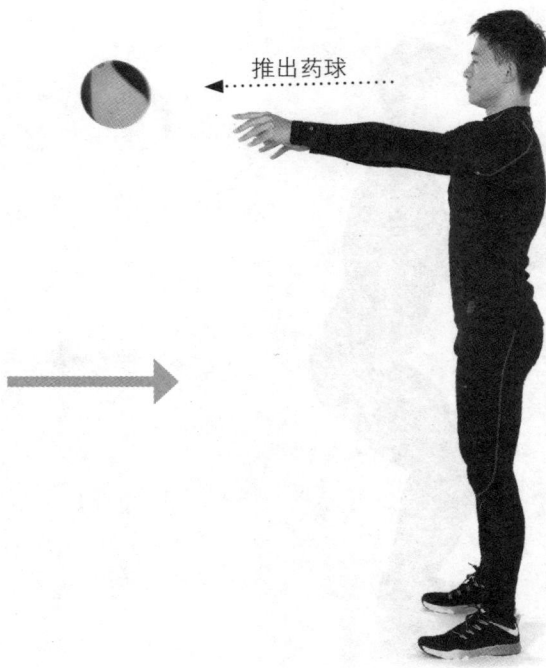

推出药球

目标肌群 胸大肌、三角肌前束、肱三头肌和核心肌群。

指导要点 保持核心收紧和身体稳定。

蹲姿 - 胸前推球

扫一扫，视频同步学

动作步骤

01 1/4蹲姿，双脚分开，与肩同宽，躯干挺直。双肘屈曲，手持药球于胸部前方。

02 双手尽可能快速地将药球向前推出。随后回到起始姿势。重复规定的次数。

01

02

推出药球

目标肌群 胸大肌、三角肌前束、肱三头肌和核心肌群。

指导要点 保持核心收紧和身体稳定。

单腿军步 – 胸前推球 __

扫一扫，视频同步学

关于药球

训练方案

训练动作

01

02

推出药球

目标肌群 胸大肌、三角肌前束、肱三头肌和核心肌群。

指导要点 保持核心收紧和身体稳定。

分腿姿 - 过顶扔球

扫一扫，视频同步学

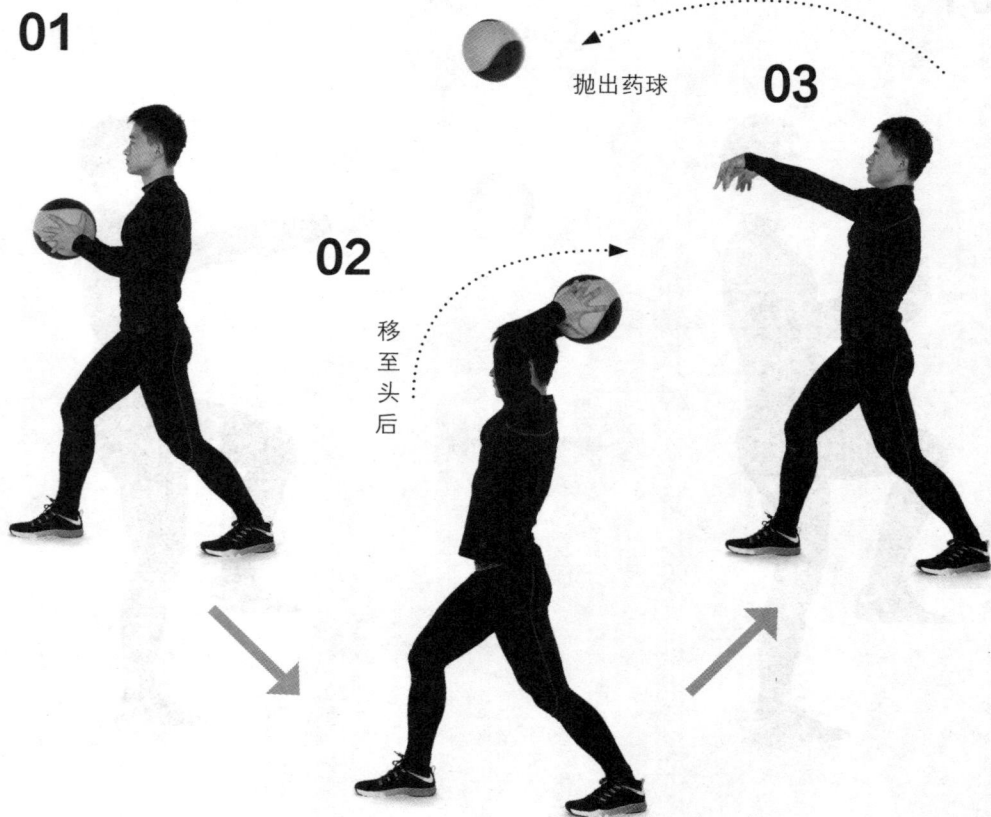

动作步骤

01 采用分腿站姿，右脚在前，躯干挺直。双肘屈曲，手持药球于胸部前方。

02~03 将药球移至头部后方，随后尽可能快速地将药球向前抛出。回到起始姿势。重复规定的次数，对侧亦然。

01

02

移至头后

03

抛出药球

目标肌群 肩关节周围肌群、肱三头肌、背阔肌和核心肌群。

指导要点 保持核心收紧和身体稳定。

站姿 - 过顶扔球

01 直立，双脚分开，与肩同宽，身体挺直。双肘屈曲，手持药球于胸部前方。

02~03 将药球移至头部后方，随后尽可能快速地将药球向前抛出。回到起始姿势，重复规定的次数。

扫一扫，视频同步学

关于药球

训练方案

训练动作

抛出药球

01

02

移至头后

03

目标肌群 肩关节周围肌群、肱三头肌、背阔肌和核心肌群。

指导要点 保持核心收紧和身体稳定。

蹲姿 - 过顶扔球

动作步骤

扫一扫，视频同步学

01 1/4蹲姿，双脚分开，与肩同宽，躯干挺直。双肘屈曲，手持药球于腹部前方。

02~03 将药球移至头部后方，随后尽可能快速地将药球向前抛出。回到起始姿势。重复规定的次数。

01

03

抛出药球

02

移至头后

目标肌群 肩关节周围肌群、肱三头肌、背阔肌和核心肌群。

指导要点 保持核心收紧和身体稳定。

分腿姿 – 旋转扔球 – 对侧

动作步骤

01 采用分腿站姿，右脚在前，躯干挺直。双肘屈曲，手持药球于腹部前方。

02 略屈髋屈膝，上半身向左侧旋转，同时双手持球移至髋部左侧。

03 下肢、髋部和躯干发力，伸髋伸膝，带动上半身转向前方，同时双手尽可能快速地将药球向前抛出。随后回到起始姿势。重复规定的次数，对侧亦然。

01

03

抛出药球

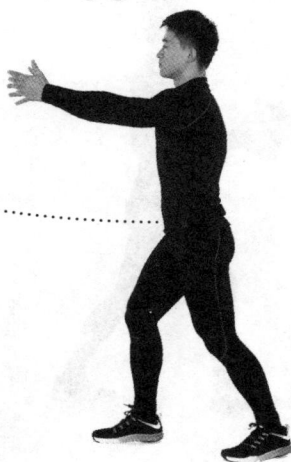

02

移至体侧

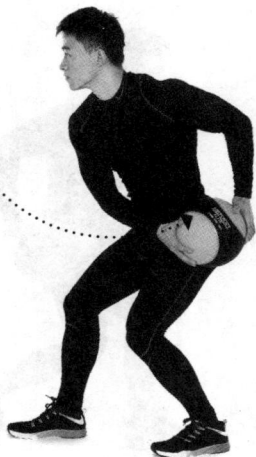

目标肌群 臀大肌、股四头肌、腹直肌、腹内斜肌、腹外斜肌和肩关节周围肌群。

指导要点 保持核心收紧和身体稳定。

关于药球

训练方案

训练动作

71

分腿姿 – 旋转扔球 – 同侧

01 采用分腿站姿，左脚在前，躯干挺直。双肘屈曲，手持药球于腹部前方。

02 略屈髋屈膝，上半身向左侧旋转，同时双手持球移至髋部左侧。

03 下肢、髋部和躯干发力，伸髋伸膝，带动上半身转向前方，同时双手尽可能快速地将药球向前抛出。随后回到起始姿势。重复规定的次数，对侧亦然。

扫一扫，视频同步学

01

03

抛出药球

02

移至体侧

目标肌群 臀大肌、股四头肌、腹直肌、腹内斜肌、腹外斜肌和肩关节周围肌群。

指导要点 保持核心收紧和身体稳定。

站姿 - 旋转扔球 ___

动作步骤

01 直立，双脚分开，与肩同宽，身体挺直。双肘屈曲，手持药球于腹部前方。

02~03 略屈髋屈膝，上半身向左侧旋转，同时双手持球移至髋部左侧。下肢、髋部和躯干发力，伸髋伸膝，带动上半身转向前方，同时双手尽可能快速地将药球向前抛出。随后回到起始姿势。重复规定的次数，对侧亦然。

扫一扫，视频同步学

关于药球

训练方案

训练动作

01

03

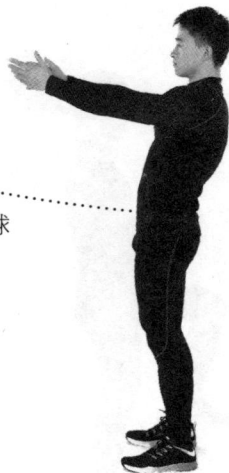

抛出药球

02

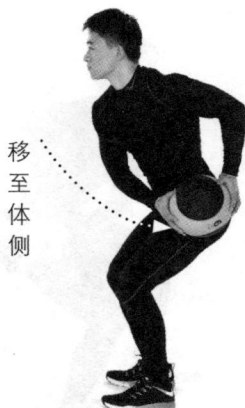

移至体侧

目标肌群 臀大肌、股四头肌、腹直肌、腹内斜肌、腹外斜肌和肩关节周围肌群。

指导要点 保持核心收紧和身体稳定。

单腿军步 - 旋转扔球 - 对侧

01 直立，左腿撑地，右腿屈髋屈膝并抬至大腿与地面平行，身体挺直。双肘屈曲，手持药球于腹部前方。

02~03 上半身向左侧旋转，同时左腿略屈髋屈膝，双手持球移至髋部左侧。下肢、髋部和躯干发力，左腿伸髋伸膝，带动上半身转向前方，同时左腿伸直，双手尽可能快速地将药球向前抛出。随后回到起始姿势，重复规定的次数，对侧亦然。

扫一扫，视频同步学

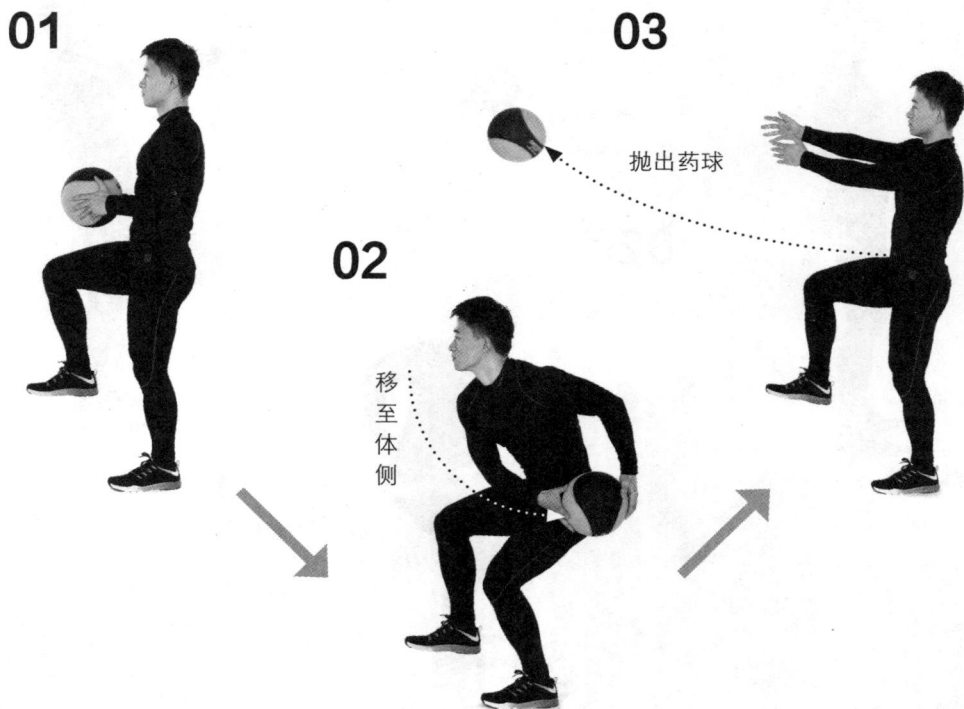

01

02

移至体侧

03

抛出药球

目标肌群 臀大肌、股四头肌、腹直肌、腹内斜肌、腹外斜肌和肩关节周围肌群。

指导要点 保持核心收紧和身体稳定。

单腿军步 – 旋转扔球 – 同侧

动作步骤

01 直立，右腿撑地，左膝屈曲并抬至大腿与地面平行，身体挺直。双肘屈曲，手持药球于腹部前方。

02~03 上半身向左侧旋转，同时右腿略屈髋屈膝，双手持球移至髋部左侧。下肢、髋部和躯干发力，右腿伸髋伸膝，带动上半身转向前方，同时右腿伸直，双手尽可能快速地将药球向前抛出。随后回到起始姿势，重复规定的次数，对侧亦然。

扫一扫，视频同步学

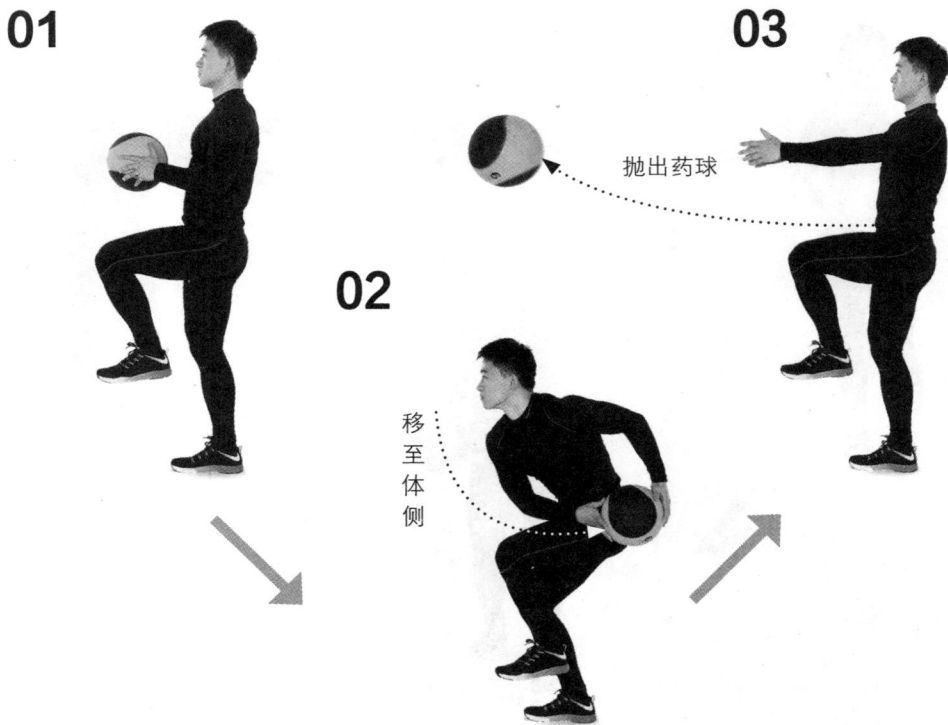

01

03

抛出药球

02

移至体侧

目标肌群 臀大肌、股四头肌、腹直肌、腹内斜肌、腹外斜肌和肩关节周围肌群。

指导要点 保持核心收紧和身体稳定。

分腿姿 – 侧向扔球 – 对侧

动作步骤

01 采用分腿站姿，右脚在前，躯干挺直。双肘屈曲，手持药球于腹部前方。

02~03 略屈髋屈膝，上半身向左侧旋转，同时双手持球移至髋部左侧。下肢、髋部和躯干发力，伸髋伸膝，带动上半身转回至朝向右侧，同时双手尽可能快速地将药球向右抛出。随后回到起始姿势。重复规定的次数，对侧亦然。

01

03

抛出药球

02

移至体侧

目标肌群 臀大肌、股四头肌、腹直肌、腹内斜肌、腹外斜肌和肩关节周围肌群。

指导要点 保持核心收紧和身体稳定。

分腿姿 - 侧向扔球 - 同侧

关于药球

训练方案

训练动作

动作步骤

01 采用分腿站姿，左脚在前，躯干挺直。双肘屈曲，手持药球于腹部前方。

02～03 略屈髋屈膝，上半身向左侧旋转，同时双手持球移至髋部左侧。下肢、髋部和躯干发力，伸髋伸膝，带动上半身转向右侧，同时双手尽可能快速地将药球向右抛出。随后回到起始姿势。重复规定的次数，对侧亦然。

扫一扫，视频同步学

01

03

抛出药球

02

移至体侧

目标肌群 臀大肌、股四头肌、腹直肌、腹内斜肌、腹外斜肌和肩关节周围肌群。

指导要点 保持核心收紧和身体稳定。

站姿 - 侧向扔球 __

动作步骤

01 直立，双脚分开，与肩同宽。双肘屈曲，手持药球于腹部前方。

02～03 略屈髋屈膝，上半身向左侧旋转，同时双手持球移至髋部左侧。下肢、髋部和躯干发力，伸髋伸膝，带动上半身转向右侧，同时双手尽可能快速地将药球向右抛出。随后回到起始姿势。重复规定的次数，对侧亦然。

扫一扫，视频同步学

01

03

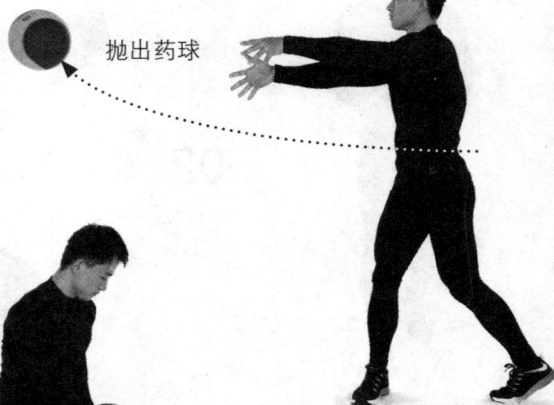

抛出药球

02

移至体侧

目标肌群 臀大肌、股四头肌、腹直肌、腹内斜肌、腹外斜肌和肩关节周围肌群。

指导要点 保持核心收紧和身体稳定。

单腿军步 – 侧向扔球 – 对侧

扫一扫，视频同步学

动作步骤

01 直立，左腿撑地，右腿屈髋屈膝并抬至大腿与地面平行，身体挺直。双肘屈曲，手持药球于腹部前方。

02～03 上半身向左侧旋转，同时左腿略屈髋屈膝，双手持球移至髋部左侧。下肢、髋部和躯干发力，左腿伸髋伸膝，带动上半身转向右侧，同时左腿伸直，双手尽可能快速地将药球向右抛出。随后回到起始姿势。重复规定的次数，对侧亦然。

关于药球

训练方案

训练动作

01

02

移至体侧

03

抛出药球

目标肌群 臀大肌、股四头肌、腹直肌、腹内斜肌、腹外斜肌和肩关节周围肌群。

指导要点 保持核心收紧和身体稳定。

单腿军步 - 侧向扔球 - 同侧

扫一扫，视频同步学

动作步骤

01 直立，右腿撑地，左腿屈髋屈膝并抬至大腿与地面平行，身体挺直。双肘屈曲，手持药球于腹部前方。

02~03 上半身向左侧旋转，同时右腿略屈髋屈膝，双手持球移至髋部左侧。下肢、髋部和躯干发力，右腿伸髋伸膝，带动上半身转向右侧，同时右腿伸直，双手尽可能快速地将药球向右抛出。随后回到起始姿势。重复规定的次数，对侧亦然。

01

03

抛出药球

02

移至体侧

目标肌群 臀大肌、股四头肌、腹直肌、腹内斜肌、腹外斜肌和肩关节周围肌群。

指导要点 保持核心收紧和身体稳定。

单腿军步 – 过顶扔球 ＿

扫一扫，视频同步学

动作步骤

01 直立，左腿撑地，右膝屈曲并抬至大腿与地面平行，身体挺直。双肘屈曲，手持药球于腹部前方。

02～03 将药球移至头部后方，随后尽可能快速地将药球向前抛出。随后回到起始姿势。重复规定的次数，对侧亦然。

01

02

移至头后

03

抛出药球

目标肌群 肩关节周围肌群、背阔肌、肱三头肌和核心肌群。

指导要点 保持核心收紧和身体稳定。

关于药球

训练方案

训练动作

跪姿 - 胸前推球

动作步骤

01 双膝跪于垫上，躯干和大腿垂直于地面。双肘屈曲，手持药球于胸部前方。

02 双手尽可能快速地将药球向前推出。随后回到起始姿势。重复规定的次数。

扫一扫，视频同步学

01

推出药球

02

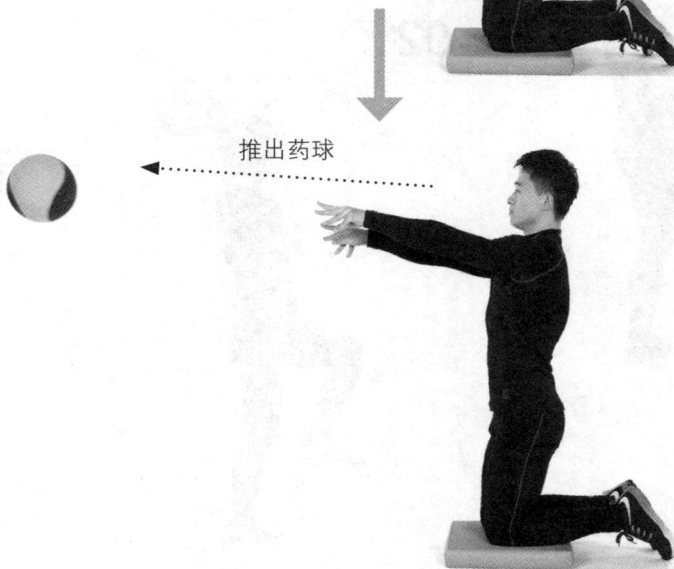

目标肌群 胸大肌、三角肌前束、肱三头肌和核心肌群。

指导要点 核心肌肉收紧，保持身体平衡。

半跪姿 - 胸前推球 ▬

扫一扫，视频同步学

动作步骤 ▶

01 双膝屈曲90度，右脚在前，左膝跪于垫上，躯干与左腿大腿垂直于地面。双肘屈曲，手持药球于胸部前方。

02 双手尽可能快速地将药球向前推出。随后回到起始姿势。重复规定的次数，对侧亦然。

01

02

推出药球

目标肌群 ▶ 胸大肌、三角肌前束、肱三头肌和核心肌群。

指导要点 ▶ 核心肌肉收紧，保持身体平衡。

83

跪姿－过顶扔球

扫一扫，视频同步学

动作步骤

01 双膝跪于垫上，躯干和大腿垂直于地面。双肘屈曲，手持药球于胸部前方。

02～03 将药球移至头部后方，随后尽可能快速地将药球向前抛出。随后回到起始姿势。重复规定的次数。

01

03

抛出药球

02

移至头后

目标肌群 肩关节周围肌群、背阔肌、肱三头肌和核心肌群。

指导要点 核心肌肉收紧，保持身体平衡。

半跪姿 – 过顶扔球

扫一扫，视频同步学

动作步骤

01 双膝屈曲90度，右脚在前，左膝跪于垫上，躯干与左腿大腿垂直于地面。双肘屈曲，手持药球于胸部前方。

02~03 将药球移至头部后方，随后尽可能快速地将药球向前抛出。随后回到起始姿势。重复规定的次数，对侧亦然。

关于药球

训练方案

训练动作

01

02

移至头后

抛出药球

03

目标肌群 肩关节周围肌群、背阔肌、肱三头肌和核心肌群。

指导要点 核心肌肉收紧，保持身体平衡。

85

跪姿－旋转扔球

扫一扫，视频同步学

动作步骤

01 双膝跪于垫上，躯干和大腿垂直于地面。双肘屈曲，手持药球于胸部前方。

02～03 重心后移，臀部后坐，上半身向左侧旋转，同时双手持球移至髋部左侧。髋部和躯干发力，伸髋，带动上半身转向前方，同时双手尽可能快速地将药球向前抛出。随后回到起始姿势。重复规定的次数，对侧亦然。

01

03

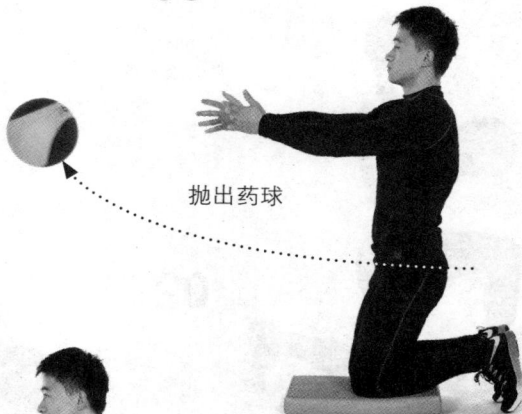

抛出药球

02

移至体侧

目标肌群 臀大肌、腹直肌、腹内斜肌、腹外斜肌和肩关节周围肌群。

指导要点 保持核心收紧和身体稳定。

半跪姿 – 旋转扔球 – 对侧

01 双膝屈曲90度，右脚在前，左膝跪于垫上，躯干与左腿大腿垂直于地面。双肘屈曲，手持药球于腹部前方。

02~03 上半身向左侧旋转，同时臀部后坐，重心后移，双手持球移至髋部左侧。髋部和躯干发力，伸髋，带动上半身转向前方，同时重心前移，双手尽可能快速地将药球向前抛出。随后回到起始姿势。重复规定的次数，对侧亦然。

扫一扫，视频同步学

关于药球

训练方案

训练动作

01

03

抛出药球

02

移至体侧

目标肌群 臀大肌、腹直肌、腹内斜肌、腹外斜肌和肩关节周围肌群。

指导要点 保持核心收紧和身体稳定。

半跪姿 - 旋转扔球 - 同侧

动作步骤

01 双膝屈曲90度，左脚在前，右膝跪于垫上，躯干与右腿大腿垂直于地面。双肘屈曲，手持药球于腹部前方。

02~03 上半身向左侧旋转，同时臀部后坐，重心后移，双手持球移至髋部左侧。髋部和躯干发力，伸髋，带动上半身转向前方，同时重心前移，双手尽可能快速地将药球向前抛出。随后回到起始姿势。重复规定的次数，对侧亦然。

01

抛出药球

03

02

移至体侧

目标肌群 臀大肌、腹直肌、腹内斜肌、腹外斜肌和肩关节周围肌群。

指导要点 保持核心收紧和身体稳定。

跪姿 - 侧向扔球

01 双膝跪于垫上，躯干和大腿垂直于地面。双肘屈曲，手持药球于腹部前方。

02~03 上半身向左侧旋转，同时屈髋，重心后移，双手持球移至髋部左侧。髋部和躯干发力，伸髋，带动上半身转向右侧，同时双手尽可能快速地将药球向右抛出。随后回到起始姿势。重复规定的次数，对侧亦然。

扫一扫，视频同步学

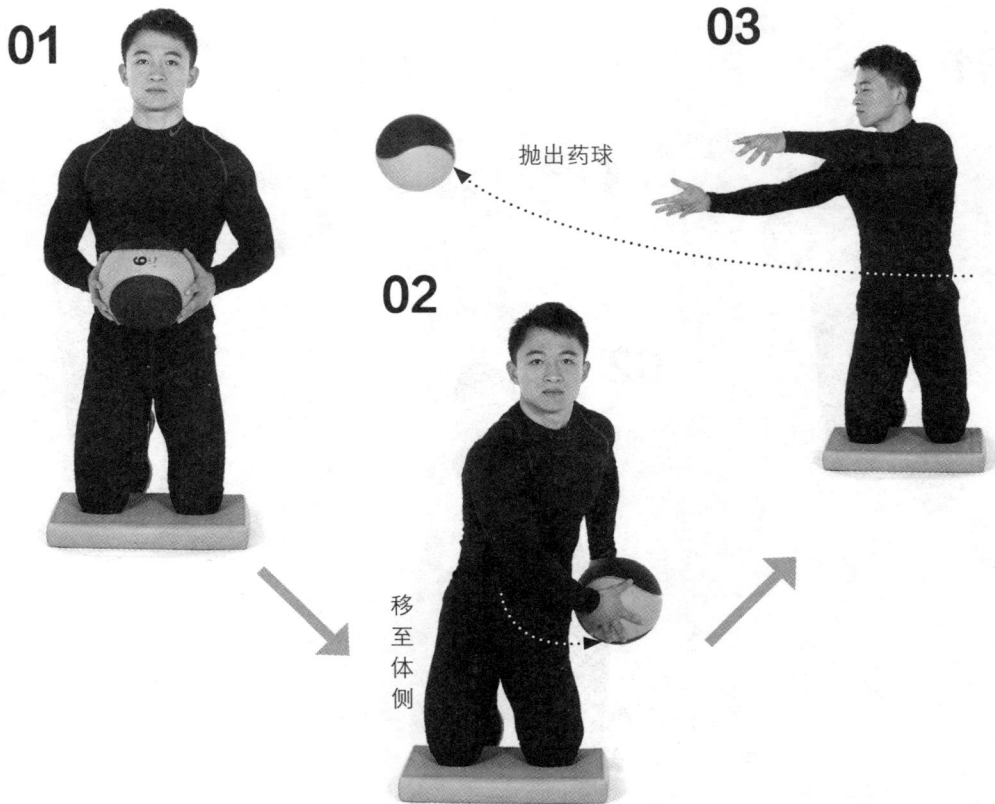

关于药球

训练方案

训练动作

01

03

抛出药球

02

移至体侧

目标肌群 臀大肌、腹直肌、腹内斜肌、腹外斜肌和肩关节周围肌群。

指导要点 保持核心收紧和身体稳定。

半跪姿 – 侧向扔球 – 对侧

扫一扫，视频同步学

动作步骤

01 双膝屈曲90度，右脚在前，左膝跪于垫上，躯干与左腿大腿垂直于地面。双肘屈曲，手持药球于腹部前方。

02～03 上半身向左侧旋转，同时屈髋，重心后移，双手持球移至髋部左侧。髋部和躯干发力，伸髋，带动上半身转向右侧，同时双手尽可能快速地将药球向右抛出。随后回到起始姿势。重复规定的次数，对侧亦然。

01

03

抛出药球

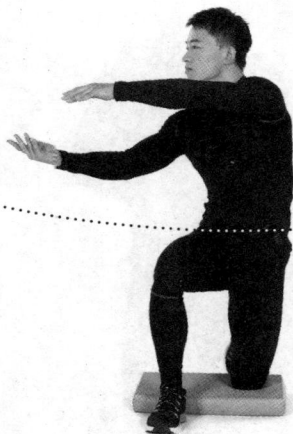

02

移至体侧

目标肌群 臀大肌、腹直肌、腹内斜肌、腹外斜肌和肩关节周围肌群。

指导要点 保持核心收紧和身体稳定。

半跪姿 - 侧向扔球 - 同侧

动作步骤

01 双膝屈曲90度，左脚在前，右膝跪于垫上，躯干与右腿大腿垂直于地面。双肘屈曲，手持药球于腹部前方。

02~03 上半身向左侧旋转，同时屈髋，重心后移，双手持球移至髋部左侧。髋部和躯干发力，伸髋，带动上半身转向右侧，同时双手尽可能快速地将药球向右抛出。随后回到起始姿势。重复规定的次数，对侧亦然。

扫一扫，视频同步学

01

03

抛出药球

02

移至体侧

目标肌群 臀大肌、腹直肌、腹内斜肌、腹外斜肌和肩关节周围肌群。

指导要点 保持核心收紧和身体稳定。

俄罗斯旋转－侧向抛接球

01 练习者坐于垫上，臀部和脚跟着地。上半身微微转向同伴，双肘屈曲，双手呈接球姿势于胸部右前方，做好接球准备。同伴在练习者右侧，面向练习者站立，手持药球于体前，做好抛球准备。

02～04 同伴向练习者抛球，练习者双手接球，随后上半身转向左侧，同时手持药球移至髋部左侧。

扫一扫，视频同步学

01

02

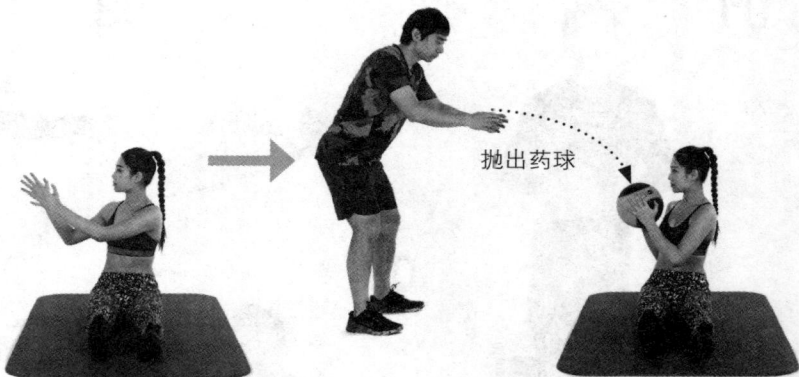

抛出药球

04

向对侧转身

03

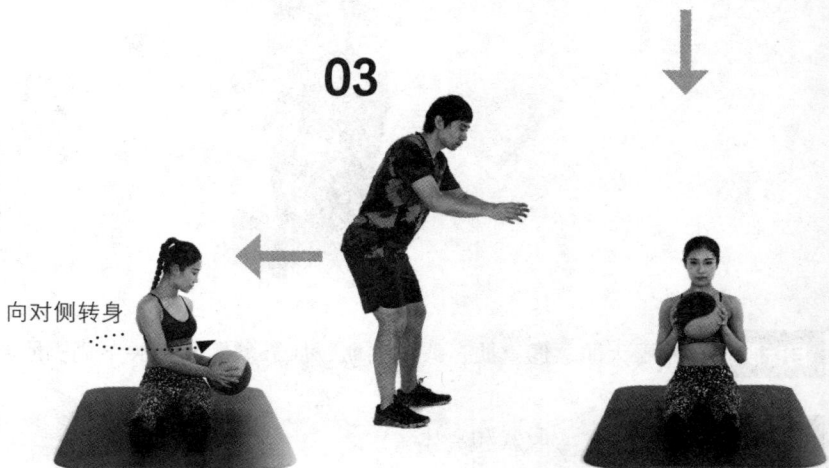

05~06 上半身迅速向身体右侧旋转，同时双手抛球给同伴。

07 同伴双手接球，回到起始姿势。重复规定的次数，对侧亦然。

05

06

07

抛出药球

目标肌群 腹直肌、腹内斜肌、腹外斜肌。

指导要点 保持核心收紧和身体稳定。

俄罗斯旋转－侧向抛接球－双脚离地

01 练习者坐于垫上，臀部着地，脚跟离地。上半身微微转向同伴，双肘屈曲，双手呈接球姿势于胸部左前方，做好接球准备。同伴在练习者左侧，面向练习者站立，手持药球于体前，做好抛球准备。

02 同伴向练习者抛球，练习者双手接球。

扫一扫，视频同步学

01

02

目标肌群 腹直肌、腹内斜肌、腹外斜肌。

指导要点 保持核心收紧和身体稳定。

03 随后上半身转向右侧，同时手持药球移至髋部右侧。

04 ~ 05 上半身迅速向身体左侧旋转，同时双手抛球给同伴。同伴双手接球，回到起始姿势。重复规定的次数，对侧亦然。

03

04

05

药球 – V 字侧向抛接球

动作步骤

01 练习者坐于垫上，臀部着地，脚跟离地，上半身与大腿呈V字形。双手呈接球姿势于胸部前方，做好接球准备。同伴在练习者正前方，面向练习者站立，手持药球于体前，做好抛球准备。

02 同伴向练习者抛球，练习者双手接球。

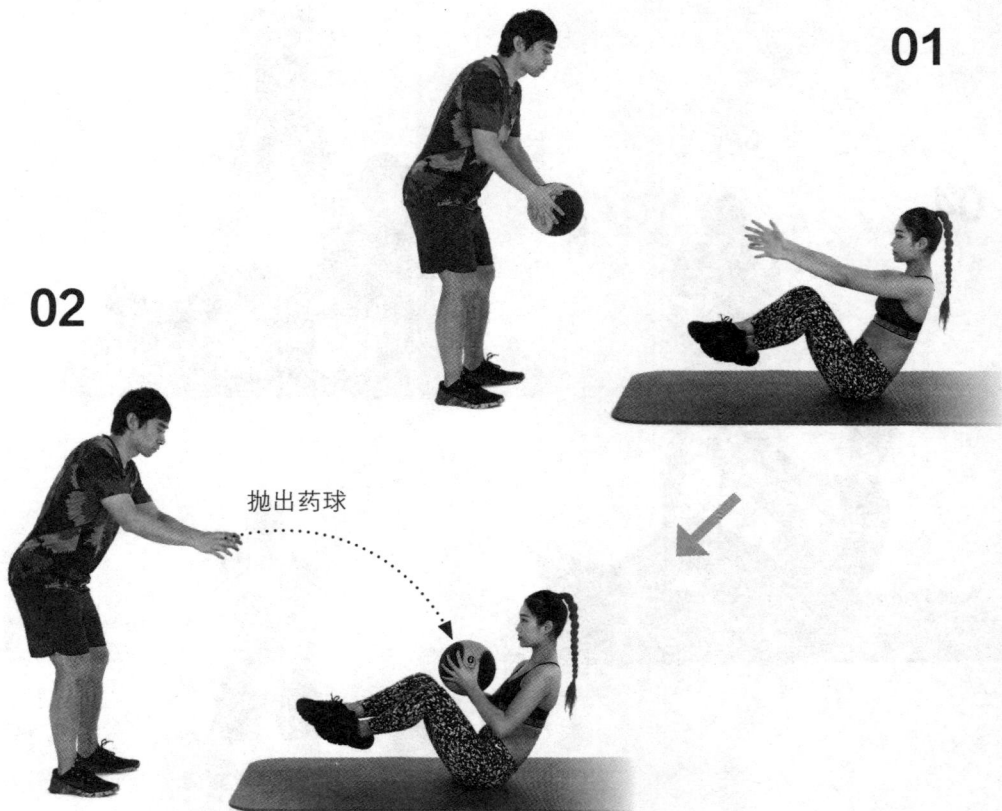

01

02

抛出药球

目标肌群 腹直肌、腹内斜肌、腹外斜肌、胸大肌、肱三头肌、三角肌前束。

指导要点 保持核心收紧和身体稳定。

动作步骤

03～06 随后上半身转向左侧，同时手持药球移至髋部左侧。上半身迅速转回面向同伴，同时双手抛球给同伴。同伴双手接球，回到起始姿势。重复规定的次数，对侧亦然。

03

04

06

抛出药球

05

药球 –V 字胸前抛接球

动作步骤

01 练习者坐于垫上，臀部着地，脚跟离地，上半身与大腿呈V字形。双手呈接球姿势于胸部前方，做好接球准备。同伴在练习者正前方，面向练习者站立，手持药球于体前，做好抛球准备。

02~04 同伴向练习者抛球，练习者双手接球。练习者双手推球给同伴。同伴双手接球，回到起始姿势。重复规定的次数。

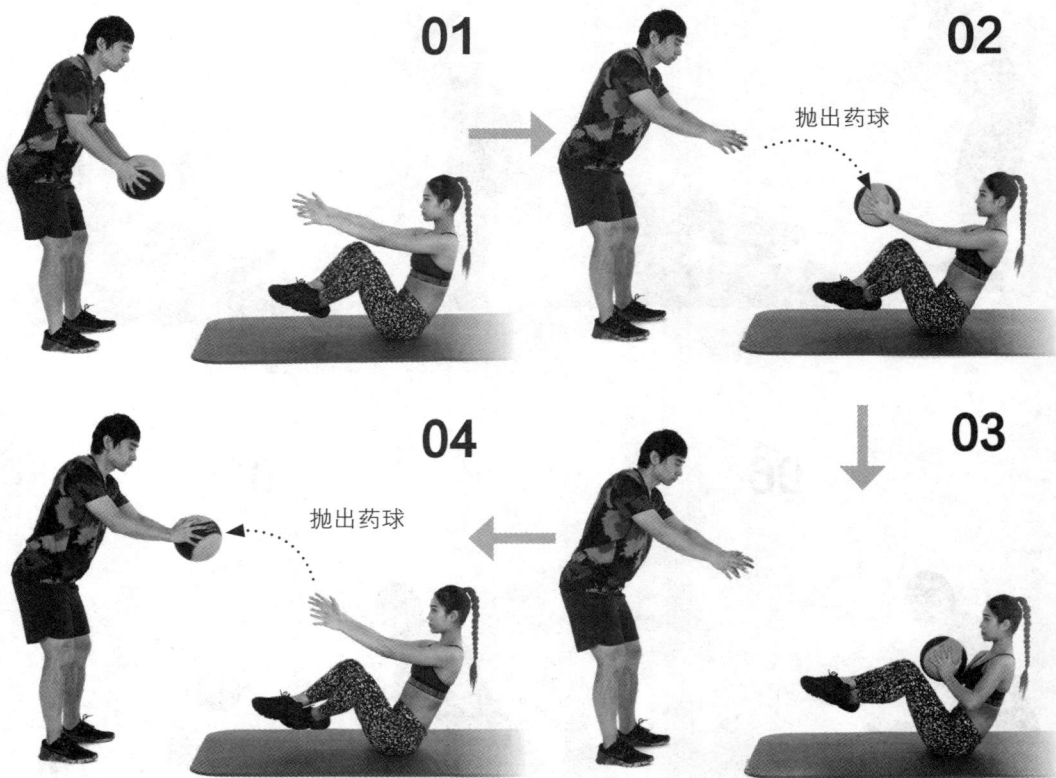

目标肌群 腹直肌、胸大肌、三角肌前束和肱三头肌。

指导要点 保持核心收紧和身体稳定。

仰卧 - 胸前推接球

动作步骤

01 练习者仰卧于垫上。双手呈接球姿势于胸部上方，做好接球准备。同伴站立在练习者头顶处的跳箱上，手持药球于练习者双手的正上方，做好准备。

02~04 同伴松手，使药球自然下落，练习者双手接球。练习者双手推球给同伴。同伴双手接球，回到起始姿势。重复规定的次数。

关于药球

训练方案

训练动作

01

02

让球下落

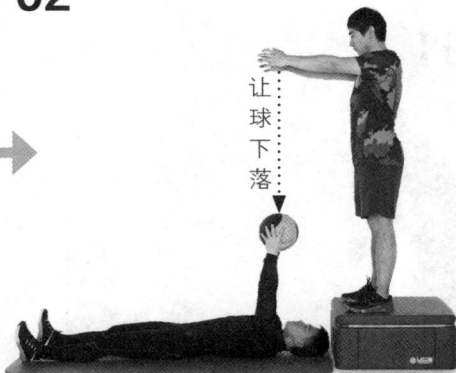

04

推出药球

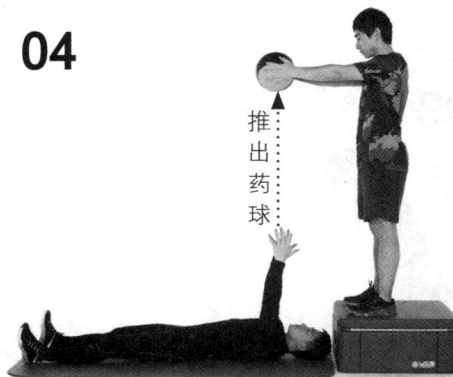

03

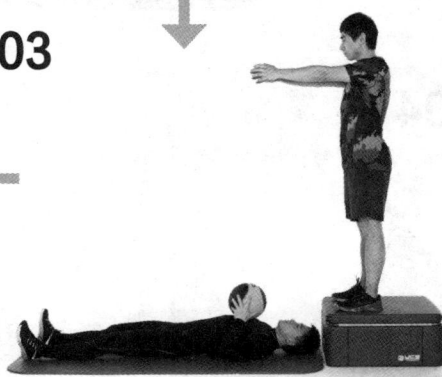

目标肌群 胸大肌、三角肌前束和肱三头肌。

指导要点 练习者和同伴注意力集中，高度协调配合。

仰卧起坐 - 胸前抛接球

动作步骤

扫一扫，视频同步学

01 练习者坐于垫上，双腿伸直，上半身挺直。双手呈接球姿势于胸部前方，做好接球准备。同伴在练习者正前方，面向练习者站立，手持药球于体前，做好抛球准备。

02～04 同伴向练习者抛球，练习者双手接球后，手持药球移至胸部前方，上半身顺势向后至仰卧于垫上。

01

02

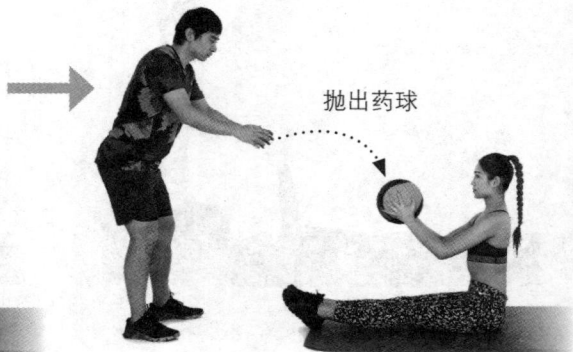

抛出药球

04

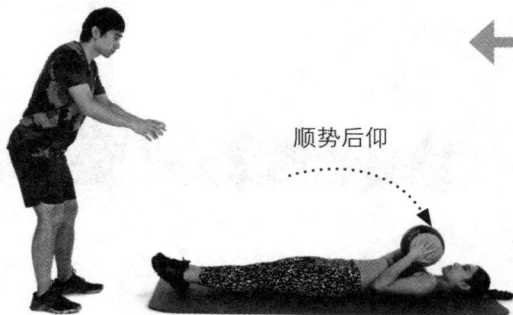

顺势后仰

03

动作步骤

05 ～ 08 练习者腹部发力并快速起身，同时双手抛球给同伴。同伴双手接球，回到起始姿势。重复规定的次数。

05

06

07

抛出药球

08

目标肌群 腹直肌、胸大肌、三角肌前束和肱三头肌。

指导要点 保持核心收紧。

仰卧起坐 - 过顶抛接球

动作步骤

01 练习者坐于垫上，双腿伸直，上半身挺直。双手呈接球姿势于胸部前方，做好接球准备。同伴在练习者正前方，面向练习者站立，手持药球于体前，做好抛球准备。

02~04 同伴向练习者抛球，练习者双手接球后，手持药球移至头顶，上半身顺势向后至仰卧于垫上。

扫一扫，视频同步学

01

02

抛出药球

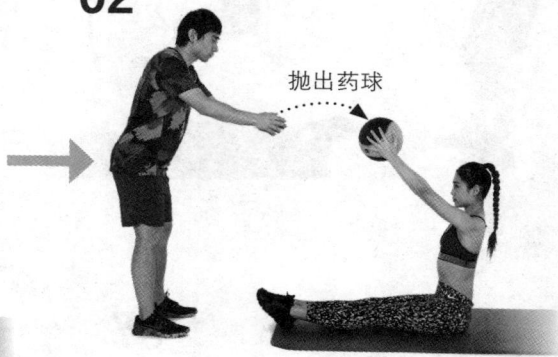

04

顺势后仰

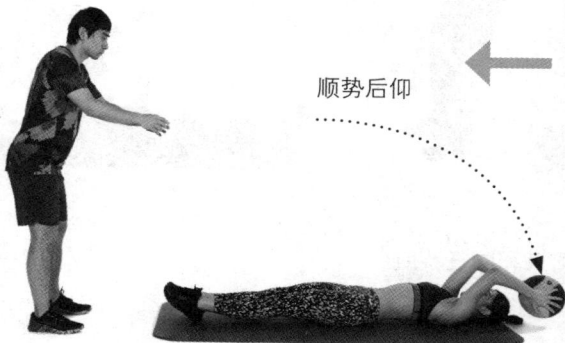

03

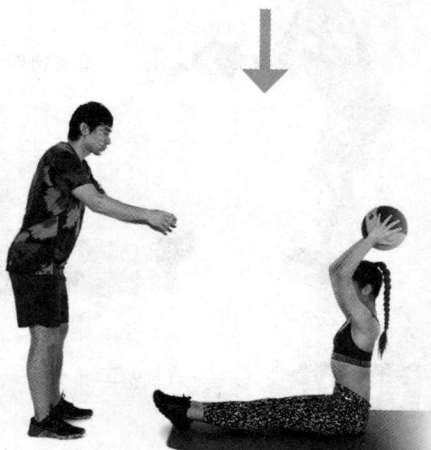

动作步骤

05~08 练习者腹部发力并快速起身，同时双手抛球给同伴。同伴双手接球，回到起始姿势。重复规定的次数。

05

06

08

抛出药球

07

目标肌群 腹直肌、背阔肌、肱三头肌和肩关节周围肌群。

指导要点 保持核心收紧。

瑞士球 - 臀桥 - 侧向抛接球

扫一扫，视频同步学

动作步骤

01 练习者上背部撑于瑞士球上，双脚撑于地面，双膝屈曲约90度，使大腿和躯干呈一条直线。上半身微微转向同伴，双臂伸直，双手呈接球姿势于胸部右前方，做好接球准备。同伴在练习者右侧，面向练习者站立，手持药球于体前，做好抛球准备。

02 同伴向练习者抛球，练习者双手接球。

01

02

目标肌群 臀大肌、腹直肌、腹内斜肌、腹外斜肌和肩关节周围肌群。

指导要点 保持躯干和大腿呈一条直线。

03～06 随后练习者上半身转向左侧，同时手持药球移至左侧，双臂仍保持伸直。练习者上半身转回面向上方，同时双手抛球给同伴。同伴双手接球，回到起始姿势。重复规定的次数，对侧亦然。

03

04

06

05

在线视频访问说明

本书提供了大部分训练动作的在线视频，您可通过微信"扫一扫"，扫描训练动作页面上的二维码进行观看。

步骤1

点击微信聊天界面右上角的"+"，弹出功能菜单（图1）。

步骤2

点击弹出的功能菜单上的"扫一扫"，进入该功能界面。扫描训练动作页面上的二维码，扫描后可直接观看视频（图2）。

图1

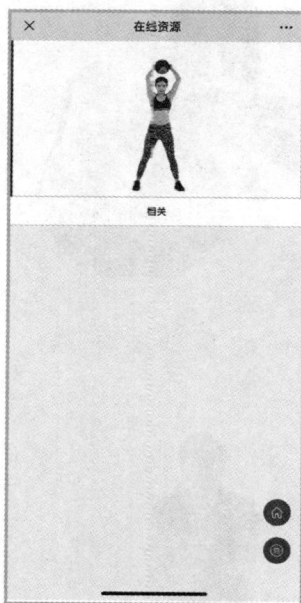

图2

扫描右方二维码添加企业微信。

1. 首次添加企业微信，即刻领取免费电子资源。

2. 加入体育爱好者交流群。

3. 不定期获取更多图书、课程、讲座等知识服务产品信息，以及参与直播互动、在线答疑和与专业导师直接对话的机会。

朱昌宇

　　武汉体育学院体育教育训练学硕士；国家体育总局训练局体能中心体能训练师；担任美国心脏协会（AHA）培训导师，获得美国国家运动医学学会纠正性训练专家（NASM-CES）、MJP青少年运动表现训练专家（MJP-CNDS）认证；中国国家田径队备战2020年东京奥运会、2022年尤金世锦赛、2023年布达佩斯世锦赛和2022年杭州亚运会跳远/三级跳远项目体能教练，中国国家男子青年篮球队备战2018年亚青赛和2019年世青赛体能教练，中国国家女子乒乓球队备战2017年杜塞尔多夫世乒赛体能教练组成员；2015年至2016年，担任广州市乒乓球队、击剑队、足球队、羽毛球队等队伍的体能教练；著有《人体运动彩色解剖图谱：肌肉爆发力训练》，译有《美国国家体能协会篮球力量训练指南》。